JN066127

入門 物流現場の平準化とカイゼン

鈴木邦成［著］

ムダ・ムリ・ムラをなくし、
物流（倉庫）作業を効率化！

日刊工業新聞社

はじめに

工場、倉庫、部品センターなどの製造業の物流現場では、さまざまなかたちでムダ、ムラ、ムリが発生することがある。効率化を常に意識していても、根本的な方針に誤解や矛盾があったり、現場指示に統一感がなかったりすれば、現場のレベルアップを図ることはむずかしくなる。

そこで本書では、物流現場で発生するムダ、ムラ、ムリを平準化の実践により解決し、作業標準化を実現していく道筋をわかりやすく解説する。作業手順に基づいて行い、仕事量のバラツキをなくした均一的で高レベルな物流品質の達成が目標となる。物流工程で発生するバラツキを最小限に抑えることで、入荷、ピッキング、仕分け、梱包、出荷といった一連の物流工程の効率化とカイゼン（改善）が可能になるのである。なお本書では「平準化による改善はグローバルスタンダードにつながる」という思いからタイトルを含め、平準化をベースにする場合は「改善」をカタカナの「カイゼン」とした。

「序章 物流現場の課題と解決策」では、製造業などの物流現場の効率化にあたっての課題を整理し、平準化を行うことによって得られる効果と、その実践におけるポイントを解説する。平準化を進めるにあたっての考え方や方針をまとめている。

「第1章 物流現場で発生するムダ、ムラ、ムリの解消」では、工場の物流工程、倉庫、部品センターなどで気がつかないうちに発生しているムダ、ムラ、ムリなどを解消するために、「いかに平準化を推進していくか」について解説する。

「第2章 入出荷の平準化」は入出荷に関する一連の作業について、「第3章 ピッキング・仕分け作業の平準化」は仕分け・ピッキング作業について、「第4章 在庫・保管の平準化」は在庫と保管について、それぞれ平準化の方針やポイントについて、事例を交えながら解説する。

そのうえで「第5章 物流量と作業量の平準化」は、各工程を見回して、全体最適の視点から物流量と作業量を平準化することにより、作業現場の課題がどのようにカイゼンされていくかを実践的な視点から紹介、解説する。

さらに「第6章 平準化に必要なKPI」は、平準化の進捗度をKPI（重要業績評価指標）を用いてチェックする事例を紹介する。

最後に「第7章 平準化から標準化へ」は、標準化への道筋を踏まえて平準化を推進し、現場のバラツキを解消した事例を紹介する。物流現場が作業標準化などを徹底させるうえで、平準化を実現するポイントを整理し、解説する。

なお、通勤・通学の途中でも気軽に利用できるように、改善の状況が見開き2ページで理解できるようにし、章の後半でそれぞれの「平準化のポイント」を解説する構成とした。あわせて、それぞれの項目に☆印をつけることで重要度も判断できるようにした。☆印が多いほど重要度は高くなる。

本書を読むことで、物流工程の平準化から標準化にいたるプロセスと実務について、読者の皆さんの理解がより一層深まり、日々の実務などに活用していただくことができれば、筆者の望外の喜びといえる。

2021年12月

鈴木邦成

目次

序章
物流現場の課題と解決策

第1章
物流現場で発生する ムダ、ムラ、ムリの解消

事例

ポイント

第2章
入出荷の平準化

事例

ポイント

第3章
ピッキング・仕分け作業の平準化

事例

ポイント

第4章
在庫・保管の平準化

事例

ポイント

第5章

物流量と作業量の平準化

事例

ポイント

第6章 平準化に必要なKPI

事例

ポイント

第7章 平準化から標準化へ

事例

ポイント

物流現場の課題と解決策

1.1　平準化とは

物流現場のトラブルの元凶「バラツキ」の解消

物流現場の改善を進めるにあたって、さまざまな視点からのアプローチが試みられている。とくに近年は、「先進的な情報システムやマテハン（物流関連）機器の導入で物流現場の省人化や無人化を実現し、効率化を一挙に実現する」という考え方に注目が集まっている。

しかし、物流現場の非効率性を改善するためには、いきなりシステムを導入するのではなく、まずは作業環境や段取りを整える必要がある。きちんと5S（整理・整頓・清掃・清潔・躾）が導入、実践されていて、見える化が実現できている現場でなければ、情報システムやマテハン機器も本来の機能を発揮できないだろう。物流現場の一連の作業とそのプロセスが標準化されていなければ、効率化も高度化も簡単には成し遂げられない。

ただし、物流現場の多くにバラツキやムラが発生していると、作業標準化も難しくなる。作業標準化で求められる作業手順書、作業マニュアルなどは、作業量や作業時間のバラツキの少ない作業環境でなければ効果は見込めない。もちろん、本格的な物流システムを導入しても、入出荷量の変動や作業量・作業時間のバラツキが必ずしも改善されるわけではない。

たとえば、倉庫や部品センター、あるいは工場への入荷量が日によって、あるいは曜日やピーク時によって大きく異なる物流現場では、人員配置や作業ローテーション、配車、傭車（ようしゃ）計画などの調整に日々、悩まされることになる。作業者もベテランばかりではなく、ピーク時に対応するために初めて現場に入る作業者が出てくることもあるかもしれない。

原材料や部品などが調達先から入荷する際に、1回当たりの入荷量に大きなバラツキが生じていれば、作業時間や作業者数の見込みが立たなくなる。入荷検品にかかる作業時間なども日によって異なることになれば、作業者のシフトも組みにくくなる。格納・保管についても、スペース不足に陥ることも出てくるだろう。チャーター便などの手配が複雑になり、コストもかかることにもなるかもしれない。誤入荷、誤検品、入荷遅れなどのトラブルにつながるかもしれない。

もちろん、物流現場で発生するバラツキは、それだけではない。

例としてあげた入出荷量のバラツキに加えて、荷役作業量や作業動作のバラツキ、運搬・輸送量のバラツキ、流通加工におけるバラツキ、在庫量のバラツキなど、物流現場の各所にバラツキが存在する。

「いや、物流量や作業量の調整は簡単にできない。むしろ、日々異なる入荷量を見てから作業プロセスを確認するということを習慣にしておく必要がある」

こうした声を聞くこともあるかもしれない。

しかし、物流現場のバラツキは本当にどうしようもないことなのだろうか。答えは「否」である。しっかりした対策を講じれば、物流現場のバラツキを解消することは決して不可能ではない。

本格的な物流システムの導入に先立って、あるいはそれと並行するかたちで、物流現場のムダ、ムラ、ムリを可能な限り取り除き、作業量や作業時間のバラツキを改善しておかなければならない。さらにいえば、現場のバラツキを解消したうえで、作業手順書、作業マニュアルなどを整備して標準化を実現する必要もあるといえる。

平準化ですべてが変わる

それでは具体的にどのような方法、プロセスで物流現場のバラツキをなくし、効率化を推進していけばよいのだろうか。ずばり、バラツキの多い物流現場の作業効率のカイゼンにおける最大のキーワードは「平準化」である。

平準化は作業や作業量について行う。本書では、「平準化とは、作業量や作業時間のバラツキ、ムラなどを解消し、均一の仕事量や作業時間で所与の作業を行うこと」と定義しておく。

まずは物流現場の工夫で可能な限りの平準化を進めていく。作業量、作業時間などのムラを可能な限り取り除いていくのである。

先ほど例にあげた入荷についていえば、日々の入荷量を平準化することで、作業者数、作業時間、荷捌き(にさば)き量などのバラツキが解消されていくことになる。「毎日、決まった量だけ入荷し、決まった量だけ、決まった人数と決まった作業時間で、決まった段取りにより処理していく」ということを徹底していくのである。

ただし、平準化を実現するためには、カイゼンに関するしっかりとしたグランドデザインも必要になってくる。作業平準化が実現できていない物流現場では、作業効率は著しく低下することになる。そこで物量や作業量について、大きな変動が頻繁に発生しないような工夫が必要になるわけである。

入荷量の平準化を図るためには、さかのぼって発注の方針や方法についても工夫が求められる。

たとえば、発注担当者が原材料、部品、製品などのピーク需要にあわせて発注をかけることは少なくない。

「定期的に定量を発注するよりも、需要が大きいときに、その需要に安全在庫分も含めて多めに大量発注すれば、細かい補充は不要になるし、コスト節約にもつながる」と考えるわけである。

確かに定期定量発注方式の場合、発注量を大きくすることで、バッチ処理量を増やして、発注するたびごとにかかる手間とコストを節約することができる。「大量発注して、一度に大量に入荷処理を行えば、手間もコストも最小化できる」という発想である。

しかし、ピーク時に対応するような大きな波動を作ることで、入荷処理後のオペレーションがムラだらけ、バラツキだらけになるリスクも高くなる。そこで、必要量をそのまま発注するのではなく、発注コストと在庫維持コストのバランスを見定めてトータルコストが最小となるように発注量を調整する「経済的発注量（EOQ)」を決めていく必要がある。

小ロットで発注すれば、発注の際にかかるコストが大きくなり負担が増える。一方、大ロットで発注した場合は、発注の手間や輸送コストは小さくなるが在庫量が増えるので、在庫コスト（保管コスト、荷役コストも含む）は増えてしまう。そこで理論値として最適な経済的ロットを求める必要が出てくるのである。

したがって、EOQを意識しながら、発注の平準化を進めていくことが入荷量、入荷作業の平準化につながっていくことにもなる。

もちろん、実際の物流現場では、机上の考えでEOQを求めるだけでは、最適なかたちで平準化を実現できないだろう。より細かいしくみ作りが求められることになるのはいうまでもない。

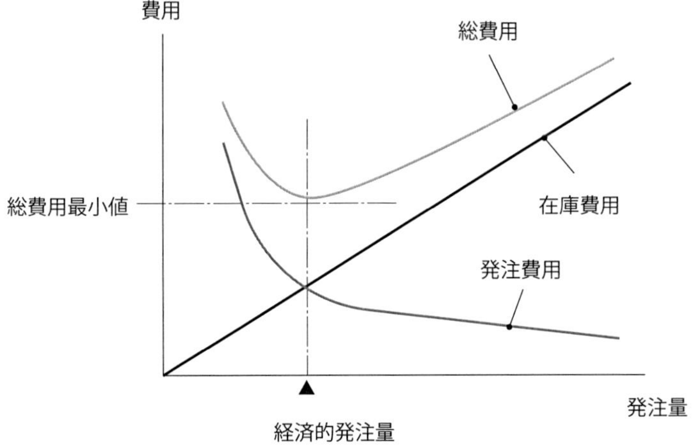

経済的発注量（EOQ）の求め方

(一定期間内の発注費用)＝(発注費用/回)×(一定期間内の発注回数)

(一定期間内の在庫費用)＝(在庫維持費/品)×(一定期間の平均の在庫量)

経済的発注量：(一定期間内の発注費用)＝(一定期間内の在庫費用)

$$経済的発注量(EOQ) = \sqrt{\frac{2\times 発注ごとに発生する発注費用\times 一定期間内の需要}{一定期間内の単位当たり在庫費用}}$$

図表 0-1　経済的発注量（EOQ）のイメージ

量の平準化と種類の平準化

作業量の平準化を図るためには、「各作業の分量がどのくらいで、どのくらいの種類があって、どのくらいの作業頻度と作業量で処理すれば、均一化されるか」を知る必要がある。

物流の平準化の根幹となる考え方は、「種類の平準化」と「量の平準化」である。

種類の平準化とは、物流では取り扱う物流容器の種類のバラツキを整える点から行われる。たとえば、同一製品にもかかわらず、パレット単位、段ボール単位、ピース単位で入荷するような場合、入荷処理が複雑になってしまう。フォークリフトで荷役を行ったり、手荷役だったり、台車やカゴ台車を複雑に併用したりすれば、現場作業も複雑になり、作業時間のバラツキも大きくなる。フォークリフト荷役が早朝に集中したり、午後は手荷役ばかりになったりする、といったことは可能な限り少なくしていきたい。

量の平準化とは、物量などの処理を一定期間内に一定量、一定時間で行うことを目標とする。たとえば、1週間の出荷量のバラツキを揃えて、均一とすることで、作業量のバラツキを可能な限りなくしていくのである。

なお、量の平準化は物量だけの平準化ではなく、その物量の処理にかかる作業時間の平準化にもつながっていく。

ただし、作業時間の平準化は物量の平準化のみでは実現できない。たとえば作業者の作業手順や作業方法、技量などにバラツキや偏りが出ないような工夫も必要になってくる。「どのような手順で、どのくらいの技量で、どのくらいの作業時間でこなせば、バラツキがなくなるのか」ということを念頭においた作業時間の平準化も必要になってくる。

1.2　物流における平準化の視点

リードタイムの平準化とタクトタイムの設定

物流プロセスでリードタイムが長くなるのは、作業が停滞したり、逆戻りしたりといった状態が生じているためである。

まずは、荷待ち、手待ちを徹底的に排除することが重要となる。「どうして荷待ちや手待ちが生じているのか」という原因を究明する必要がある。

そのうえで、リードタイムの平準化とタクトタイムの設定を進めることになるが、まず念頭に置いときたいことは「バッチ処理ではなく、リアルタイム処理を行う」ということである。リアルタイム処理は、生産管理では「1個流し」といわれる手法である。タクトタイムとは「物品1つ当たりの処理時間」のことである。物流においては、たとえば箱詰め、袋詰めなどの流通加工でタクトタイムを設定したうえでリアルタイム処理を行うことでリードタイムの調整と平準化を進めるのである。

また、店舗、工場への納品についても日次ベースで納品時間帯のバラツキをなくすようにする。納品時間は、配送ルートの最適化を行ったうえで設定できれば効果はより大きい。また、週次ベースの入出荷量や配送回数のバラツキも可能な限り発生しないように努める。

在庫量の平準化

「企業全体のバランスを考えると、必要のない在庫でも、各部署にとっては在庫を抱えていたほうが業務を進めやすい」というケースが目につく。

大量調達、大量生産、大量輸送、大量販売などをタテ割り組織のもとに行えば、大量の過剰在庫が生じる危険性がある。「在庫は放置すれば自然に増えていくもの」と考えて間違いはない。在庫を大量に抱えることは、人件費や保管費などのコストアップを招くことにもなる。在庫の運搬、積替えなどの作業や陳腐化した商品の廃却費も相当な額に達する。

在庫が過剰にあることで資金繰りが悪くなることもあるが、「これだけ在庫があれば大丈夫」といった安易な思惑で問題が先送りされるケースもある。

在庫は多すぎても少なすぎても問題が生じるし、サプライチェーン上で在庫量に大きな偏りが出るのも好ましくない。適正在庫を設定し、それに基づいた在庫管理が重要になる。適正在庫を基準とし、在庫政策を練り、多すぎる在庫は「過剰在庫」、少なすぎる在庫は「過小在庫」とし、極力避けるようにしたい。

過剰在庫や過小在庫を回避するために在庫調整を行う。適正在庫量を設定したうえで、それを念頭に置いた発注量、入荷量、出荷量の調整を行うことで、一定期間内の在庫量のバラツキも解消できる。

なお、適正在庫量の設定は、需要予測、販売予測、販売目標、キャッシュフロー、在庫期間、リードタイムなどのさまざまな要因を考慮して行う。そして物流の各工程において、「入庫した分は、必ず出庫する」を前提とすることで、入庫、在庫・保管、出庫の平準化が進められるのである。

運搬・輸送の平準化

トラックなどによる輸送量、配送頻度に加えて倉庫内の運搬量、運搬頻度についても平準化を進める必要がある。

大量に発注し、大量に輸送し、バッチ処理として大量に倉庫内で運搬作業を行うというのでは、大きなピーク波動に物流現場が耐えられないということになる。また、輸送量や配送頻度のムラが抑えられていても、トラックの積載率に大きなバラツキが出ているのではしっかりと平準化が行われているとはいえない。倉庫内の運搬については、台車、カゴ台車、ハンドリフト、フォークリフトなどの積載率や稼働率についても気を配りたい。作業者や運搬機器の動線にもバラツキがないように注意する必要もある。倉庫内のレイアウトを入念に工夫して、倉庫内の運搬ルートが作業者によってバラバラにならないように工夫する。台車運搬とフォークリフト運搬のエリアをしっかり分けて、運搬機器の動線が混在しないように物流容器や運搬機器などの種類の平準化を徹底することも求められる。

ミルクラン（巡回集荷）方式で納品する場合、効率的でムダのないルートで配送計画を組み上げ、積卸しの順序を逆にして積み込むことで納品にかかる総時間の平準化を図ることもできる。また、緊急出荷、緊急配送などは可能な限り避けるようにしたい。

物流現場のさまざまな「変動」や「波動」に対応

物流現場にはさまざまな変動や波動が発生する。一連の変動を整理しておこう。

まず日次レベルでは、「時刻変動」への対応が必要になる。

たとえば、出荷量、出荷先の決定が日によって異なったり、遅れがちになったりすればトラックの出発時刻が変動し、その結果、入荷や納品の時刻にバラツキが生じてくる。また、荷揃いが遅くなってもトラックの出発時刻にズレが生じてくるし、パレットを使わず手積みを行えば、作業時間のメドも立ちにくくなる。

週次レベルでは、「曜日変動」に対応する必要がある。

たとえば、小売業の週末のセールなどに対応しようとすると、木曜日や金曜日の出荷が増える。あるいは月曜日などの週のはじめに出荷が集中することもある。特定の曜日に入荷や出荷が集中すれば、人員シフトや作業時間の負荷のかかり方に大きな片寄りが生じることになる。

さらに特定の月の出荷量が大きくなることもある。年度末の３月や年度はじめの４月、年末などに大きな片寄りが発生することもあれば、新製品の発売やセールなどの影響を受けることもある。ピーク時に出荷量などが増えることはある程度は仕方のないことではあるが、必要以上にオペレーションに負荷をかけない工夫も求められる。

また食品、アパレル、家電製品などは「季節の変動や波動」も見逃せない。冬場にはアイスクリームの売上高は落ちるし、夏場にはコートは売れにくい。

パソコンなどは新学期などに売上が伸びたりする。季節の特徴と製品の関係を十分把握したうえで、季節内での平準化とピーク対策を講じる必要がある。

「流行の変動や波動」への対応も求められる。ある製品の需要が急速に高まったり、反対に急速に需要がなくなったりすることで発生する。自社製品が大きくヒットし、取扱量が急激に増えたために対応できないというケースや、ライバル社が対抗する製品を開発したといったことをきっかけに売れ行きが変わり、取扱量が減少するというケースもある。製品のライフサイクルと流行のピークを見極めていく必要がある。

1.3 平準化の効果の検証と発展

ABC分析の活用

商品ごとに売上高・出荷量などを把握し、全体に占める各商品の売上高・出荷量などの割合を出す分析方法のことを「ABC分析」という。巨視的な在庫の管理と削減が可能になる。

ABC分析では、全体の70～80%の売上高（または出荷量）を占める商品をA品目、A品目と合わせて全体の95%くらいまでを占める10～20%程度の商品をB品目、残りをC品目とし、売れ筋の商品に在庫を絞るといったやり方がとられる。なお、まったく出荷されない商品をD品目とすることもある（ちなみにD品目のDは「デッドストック」の略でもある）。分類ごとにカテゴリー、アイテム数を管理することで在庫環境を向上させ、過剰在庫を防ぎ、在庫の平準化を推進するのである。

物流センターの倉庫内レイアウトについても、ABC分析の結果を考慮することで平準化を実現できる。

たとえば、A品目は大ロットで頻繁に出荷されるのでパレットで平置きされ、フォークリフトで荷役作業を行う。他方、B品目の在庫保管は流動ラックや高速自動倉庫で管理することで平準化を実現する。さらにC品目は保管効率が高い回転式ラックを活用し、D品目の陳腐化在庫、死に筋在庫についてはすみやかに廃棄処分する。「どのような状況になったら廃棄するのか」というルールをきちんと決めておく。

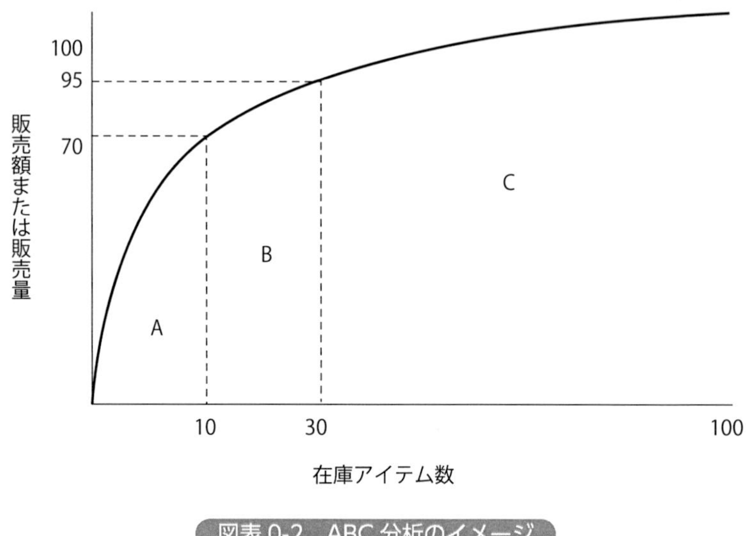

図表 0-2　ABC 分析のイメージ

また、古典的な在庫管理手法では「A品目については定期発注法、B、C品目については定量発注法がよい」とされている。単純にこの図式が当てはまらないケースもあるが、ABC分析と発注法をうまくリンクさせていくことで発注量や在庫量の平準化が可能になっていくのである。

注文件数、アイテム数、数量を分析

ABC分析を行ったうえで注意したいことの1つに「B品目、C品目の在庫管理をどうするか」ということがあげられる。A品目は出荷頻度が高く、定期的に必要量を補充していれば大きな問題は生じない。

しかし、B品目やC品目の商品については、慎重に対処しないと在庫が過剰になるリスクも高くなってくる。「いかにB、C品目をうまく管理していくか」ということが在庫管理の平準化を進めるにあたっての課題ともなってくる。しかもABC分析を行えば、必然的にB、C品目は多くなる。実際に管理する物量もB、C品目が圧倒的に多くなる。

したがって、「在庫の平準化を進めるにあたってはB、C品目にも注意する」という姿勢が望ましい。アイテム数を絞る必要がある場合には、B、C品目を

まず対象にしていくのがオーソドックスなアプローチである。B、C品目については類似の商品は積極的に整理していく。

さらに商品のライフサイクルも見極める必要がある。売れ行きが落ちてきている商品については注意が必要である。商品が陳腐化すればA品目でもあっという間にD品目になる恐れもある。

商品の出荷量、売上高など現状を局部的に分析するのでは十分な分析とはいえない。「新商品なのか」「売れ行きが伸び続けている商品なのか」で在庫管理も、発注方法もまったく異なる。「安定して売れているのか」「売れ行きが落ち込んできたのか」といったことを把握することで、変動の少ない在庫管理ができるようになる。

またABC分析に加えて、商品の注文件数に着目するのも重要である。物流センターの運営を効率的に行うために注文件数、アイテム数、数量を分析する「EIQ分析」を導入することも在庫削減に効果的である。ちなみにEIQ分析とは、商品の注文件数（エントリーオーダー）、アイテム数、数量（クアンティティ）のそれぞれの英語の頭文字をとった用語である。出荷量の大小だけでなく、注文件数がどれくらいあるかということも検証する手法で、物流システムコンサルタントの鈴木震氏が考案したことで知られている。

物流ABCの活用

平準化を推進するにあたり、「物流ABC（活動基準原価計算）」も有力なツールとなる。物流ABCは、ハーバード大学のロバート・キャプラン教授などにより1980年代に提唱された理論で、作業工程ごとにどのように固定費がかかっているかを明確にするという考え方である。

物流ABCによるアクティビティの算出方法は次のように進められる。

まず保管コストならば、倉庫保管費と入出庫費などの荷役作業に分ける。

たとえば出庫費はピッキング、仕分けなどに分ける。ピッキングはケースピッキング、バラピッキングなどに細分化する。次に細分化されたアクティビティごとに作業時間や原材料の使用量などを割り出す。さらに、たとえばケースピッキングなら「ケース数」のように、それぞれの業務を処理する単位を決める。

またアクティテビティごとの原材料コスト、空間コストなども求める。値札、シールなどの流通加工材料費や箱代などの包装材料費、パートタイマーなどの人件費がこれにあたる。

最後に各アクティビティのコストを物流活動の処理量で割れば、それぞれの単価が算定できる。そしてアクティビティのコストの平準化を目指すのである。

たとえば、ピッキングについて考えてみると、ケースピッキングとバラピッキングの単価がそれぞれ算出できれば、単価の平準化を図ることで作業効率も向上する。加えていえば顧客別、商品別の原価集計を行うことも可能となる。顧客別、商品別にアクティビティ単価に大きなバラツキがあれば、平準化を目指して工夫を重ねていくことも可能になる。

物流KPIの活用

平準化の達成度を把握するために「物流KPI（重要業績評価指標、Key Performance Indicators)」を活用することも有力な選択肢である。物流KPIを用いれば平準化の導入状況が可視化できる。KPIについては平準化の視点から必要と考えられるものを取り上げていく。平準化の指標となる物流KPIは、輸配送、保管・在庫、荷役・流通加工という機能分類をとる。

データ収集が容易で、その数値をカイゼンすることで平準化の効果がはっきり表れるように各KPIを設定し、さらに単発的ではなく継続的に取得できるデータを設定するようにする。物流ABCなどで物流コストを把握し、それに基づいて物流KPIを設定し、実際に平準化を進めていく。

トラックの積載率などの一部の数値については、「業界におけるレベルとして、これくらいであってほしい」という標準値を、公表されている資料などで見ることもできる。

KPIによる平準化を進めるにあたっては、具体的な目標数値を設け、「その数値と現状がどれくらいかけ離れているか」を把握し、そして「目標とする数値に到達するのはどうしたらよいのか」といった方策を決めていくのである。経験や勘だけに頼る業務改善ではなく、科学的なカイゼンを実現することが可能になるのである。

平準化から標準化へ

物流現場のさまざまなバラツキをなくして、平準化を実現することを物流現場改善の第一段階とすると、その先に見えてくるのが「標準化」である。平準化を現場改善の最終ゴールととらえるのではなく、「標準化に向けての環境作り」と認識しておくと、よりレベルの高いカイゼン活動が可能になるはずである。さらにいえば標準化を進めることで平準化を実現できるということもある。

標準とは、「与えられた状況において最適な秩序を達成するための諸活動や成果に関する規則、指針に関する取り決め」のことである。また、「意識的に標準を作って、活用する行動」を標準化という。標準・標準化はさまざまな分野で行われている。そして物流活動においても標準・標準化を推進することは、高度なロジスティクスを実践してくうえでの不可欠なインフラストラクチャー（社会基盤）となる。

もちろん、物流現場では「標準化を行うことで平準化もあわせて行うことになる」というケースもある。物流現場のバラツキの解消が比較的やりやすい環境ならば、標準化を進めることで平準化を成し遂げることも難しくない。

しかし、ムダ、ムラ、ムリがはびこる物流現場ならば、まずは平準化を実現し、そのうえで標準化を進めていくというやり方がオーソドックスといえる。

つまり物流現場の流れでいうと、「作業状況にバラツキやムラがあるために標準化を行うことができない」という現状があり、そこでまず作業量や作業時間のバラツキがなくなるように現場の状況を工夫し、平準化を成し遂げる必要性が出てくることが多い。

そして作業量や作業時間のバラツキの少ない平準化された環境で、手順書、マニュアルなどにより作業の標準化を行うのである。

もちろん、フィードバックも重要である。標準化が達成されたはずの環境でも作業量などにバラツキが出ることがある。したがって標準化後にも新たなるムラ（作業条件の変化や他の作業のしわ寄せなどからの発生）がある場合には、再度の平準化に着手して、そのうえで標準化の状況をチェックすることになる。

たとえば、出荷量のバラツキの解消を目的に出荷検品の目視検品作業の標準化を行ったが、作業標準化で作業効率が向上すれば、検品取扱量を増やしてほしいという要請を受けることもある。その結果、状況に応じて出荷量を増やしてほしいという要請を受ければ、再び物流現場にバラツキが生じてしまう。また出荷量が増えるという作業環境の変化に合わせて、スキャナー検品の導入などが標準化を前提に検討されることもある。

そのような状況に合わせて、物流現場を再び別の視点から眺めて平準化を行い、標準化された現場で「きちんと平準化が維持されているか」「標準化で作業効率やコスト削減などの効果が実感できるか」といったフィードバックを行うことも少なくない。

物流現場で発生する ムダ、ムラ、ムリの解消

事例

1-1 運搬のムラを解消したい

☆☆☆

改善前

仕分け作業の流れのなかで、台車による倉庫内運搬作業に時間がかかり、そのため、後作業の手待ちや荷待ちが目立っている。運搬効率を上げて、平準化を図りたい。

? 現状と問題点

複数の作業者が一度に作業をするには、通路は狭くて通りにくい。またレイアウトが曲がりくねっていて、通路幅も統一されておらず、通路の見通しも悪い。そのため、作業を円滑に行うには小型の台車を使うしかないが、台車の大きさは不揃いで通路幅に見合った仕様のものは少ない。台車の通路に荷物が平置きしてあることもある。

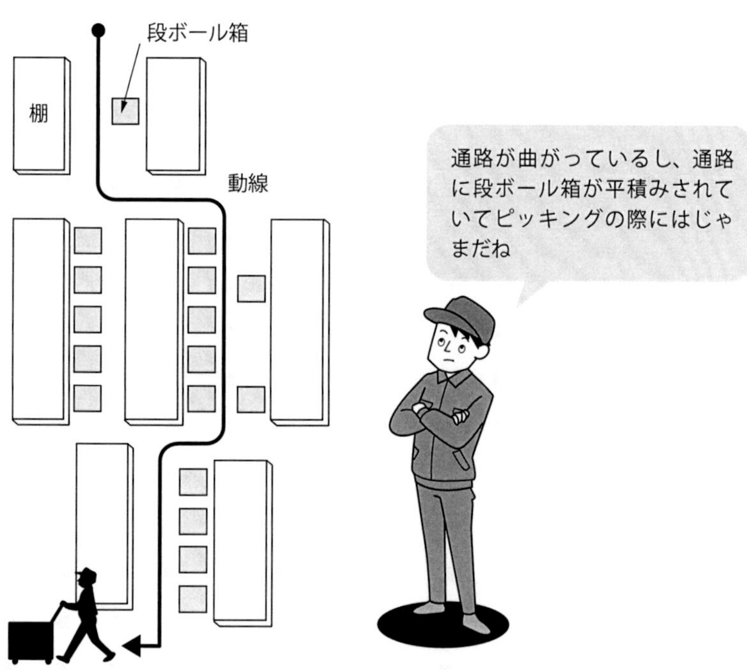

改善案

通路幅を広くとり、動線の曲線を修正し、見通しをよくした。通路に平置きされていた荷物は、移動前の位置情報を紐付けしたうえで別に設けた仮置きスペースに移した。台車は広くした通路に合わせて、標準的なサイズを採用した。

 カイゼンの視点：通路管理の徹底

運搬効率の低下の原因の大半は通路上にある。通路に凸凹や溝があったり、傾斜があったりしても運搬効率は低下する。路面に段差があったり、障害物があったりしないように注意する必要もある。また、通路が汚れていたり、滑りやすかったりするのも作業効率に影響する。

平準化のポイント解説は ☞ 36ページ

事例

1-2 運搬のムダを解消したい

☆☆☆

改善前 フォークリフトによる運搬作業を行っているが、効率が悪い。取扱量が少ないのでフォークリフト作業者の荷待ちが目立つ。

現状と問題点

フォークリフトの取扱量に日によってバラツキが出ている。そのため、取扱量が少ないときには荷待ちの作業者が発生してしまう。そのうえ荷待ちの作業者が荷捌き場でフォークリフトの「から運搬」を行っているので、作業の進ちょく状況もよくわからないことがある。

改善案 入出荷量などを調整し、日次レベルの運搬量の平準化を行う必要がある。現状では、まずフォークリフトの「から運搬」をやめ、日次レベルの1台当たりのフォークリフト取扱量を平準化し、その運搬量に合わせてフォークリフト作業者数を調整することにした。

カイゼンの視点：横持ちの回避

流通（物流）加工や小分け（ピッキング作業）、パーツセンターでの行先別集約作業などでは、最短距離ではない運搬や輸送が行われることがある。このような寄り道工程を「横持ち」という。荷捌きにおいても仮置き場と作業場の往復などは横持ちに当たる。平準化を進めるためには横持ちを回避する必要がある。

平準化のポイント解説は ☞ 37ページ

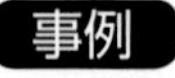

1-3 現場のバラツキを生む「から歩行」

☆☆☆

改善前

入荷から出荷までの各エリアを直線上に配置しているが、「から歩行」を含めて作業者の歩行量が多くなり、ピーク、オフピークの作業時間に差が出すぎてしまう。

? 現状と問題点

入荷作業と出荷作業を同時にこなそうとすると作業者が不足することがある。

フォークリフトによるパレット荷役ではなく、手荷役で台車を使用した運搬作業が中心なので、作業者は長い動線の往来に時間がかかってしまう。「から歩行」の発生も多く、作業者の歩行量のバラツキも大きい。

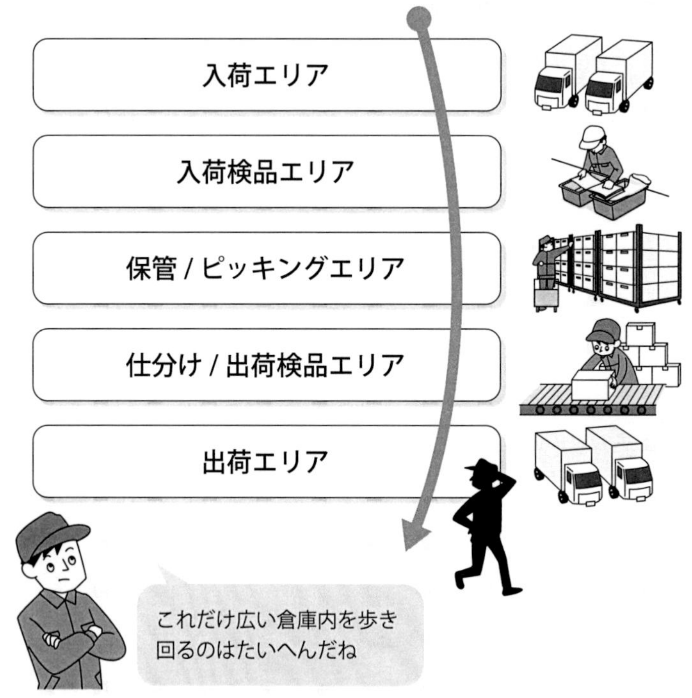

改善案

倉庫内レイアウトを従来のI字型からU字型に変更した。入荷エリアと出荷エリアを隣接させることでピーク時の作業者の迅速な往来が可能になる。作業者の歩行量のバラツキも解消できる。2人1組で目視検品を行う際の作業者の確保も容易になった。

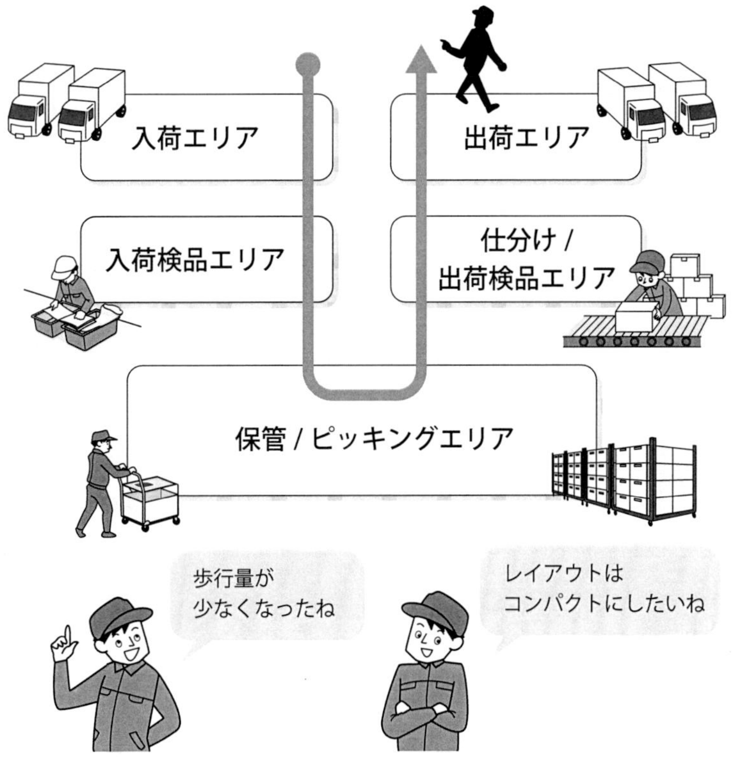

カイゼンの視点：柔軟性をもって倉庫内をレイアウト

改善案の場合は倉庫内歩行量のバラツキを解消することができたが、I字型の倉庫内レイアウトが適しているケースもある。たとえば、そもそも作業者が歩行するのではなく、パレット、フォークリフト荷役中心ならば、I字型で広く入出荷エリアを確保したほうが誤出荷などを防ぎやすくなることも多い。

平準化のポイント解説は ☞ 38ページ

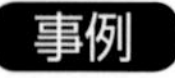

1-4 ABC分析でピッキング時間のバラツキに対応 ☆☆

ピッキングにあたり出荷頻度の多いアイテムが倉庫内に分散しているので荷探しに時間がかかっている。

? 現状と問題点

荷探しのためのピッキング作業者の「から歩行」が多くなり、作業者ごとに歩行時間や移動時間が異なり、ピッキングにかかる時間も大きく異なる。ただし、保管品の配置は作業者の交錯などがないように余裕をもってスペースを確保し、通路に保管品を並べるというようなことは行っていない。

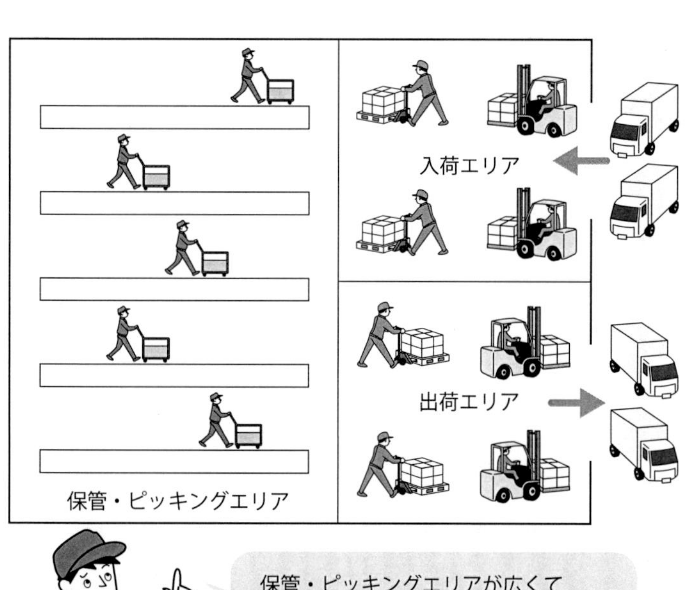

保管・ピッキングエリアが広くて
出荷頻度の異なるアイテムが多いから
ピッキングに時間がかかるよ

ピッキング、出荷業務の作業時間のムラを解消するために保管品の出荷頻度のABC分析を行い、高頻度出荷品、中頻度出荷品、低頻度出荷品ごとに保管エリアを分け、そのうえでピッキング専用エリアを設ける「ダブルトランザクション方式」を採用する。

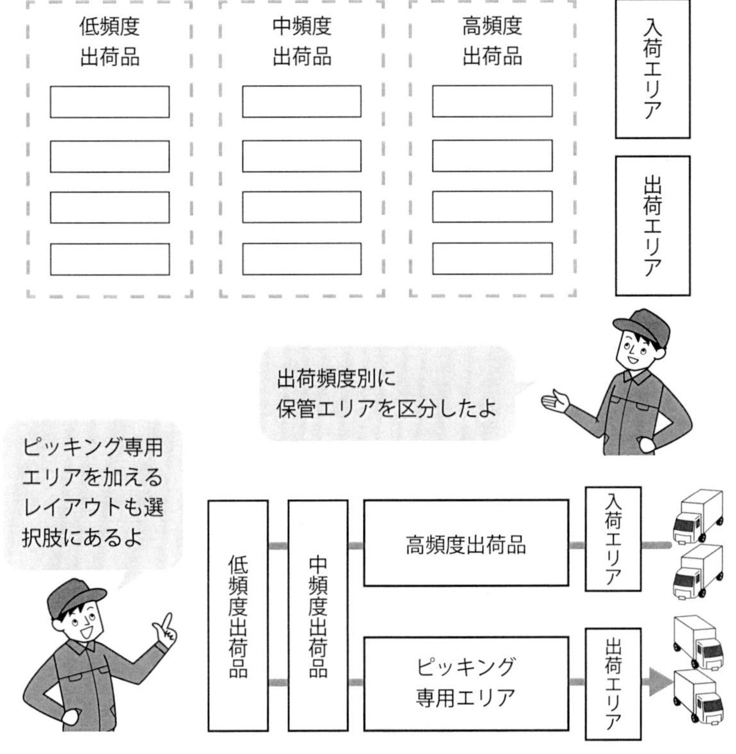

カイゼンの視点：出荷量の平準化

取扱品目の出荷量の均等化を目指しながら、まずは現状を分析し、ABC分析により出荷頻度ごとに保管専用エリアを設け、さらにピッキング専用エリアで物流特性の似ている高頻度出荷品に絞った出荷処理を行う。したがってピッキング専用エリアにおける作業量や作業時間は平準化されることになる。

平準化のポイント解説は ☞ 39ページ

事例
1-5 運搬における荷姿を平準化したい

☆☆

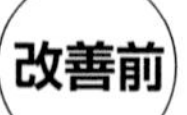

入荷の荷姿と出荷の荷姿が異なるために効率が悪く、作業進度にバラツキが生じている。

? 現状と問題点

部品がダース単位で小型箱に入ったうえで段ボール箱に入って入荷されるが、出荷は、通い箱に詰める必要があるピース単位、別途梱包を必要とするダース単位、そのまま出荷できる段ボール箱のケース単位などと異っている。作業は並行して行っているが、そのため検品や仮置きがどうしても多くなってしまう。

改善案

ピース単位、ダース単位、ケース単位の並行作業をやめて、「1個流し」の考え方を取り入れる。サイクル表を作成して、ピース単位とダース単位の出荷処理に作業者を集中させるなどの優先措置をとったうえで、ケース単位の出荷処理に取り組む。また原則として検品と梱包は同一作業者が行うことにした。

カイゼンの視点：タクトタイム

生産管理では「1つの製品を作るのにかかる時間」をタクトタイム（稼働時間／日÷生産数量／日）という。物流についても「この作業を決められた時間（タクトタイム）で行えば、出荷と同期して、安全在庫なしでも対応できる」といったかたちに応用することが可能である。

平準化のポイント解説は ☞ 40ページ

通路の重要性

台車1台当たりの運搬時間のバラツキをなくすように、作業負荷のかからない通路環境の構築を図る。

またエレベータのドア前や入出荷バースなどでは、床面に損傷が発生しやすく、凸凹や溝などもできやすいので定期的に状態を確認するようにする。

通路管理のポイント

運搬時間、運搬量のバラツキが大きい
……作業者の熟練度によって運搬時間が異なる

【原因】
- 通路が曲がっている
- 通路の見通しが悪い
- 通路面に凸凹、溝、傾斜などがある
- 通路上に荷物が平置きなどされている

運搬時間、運搬量の平準化の必要性

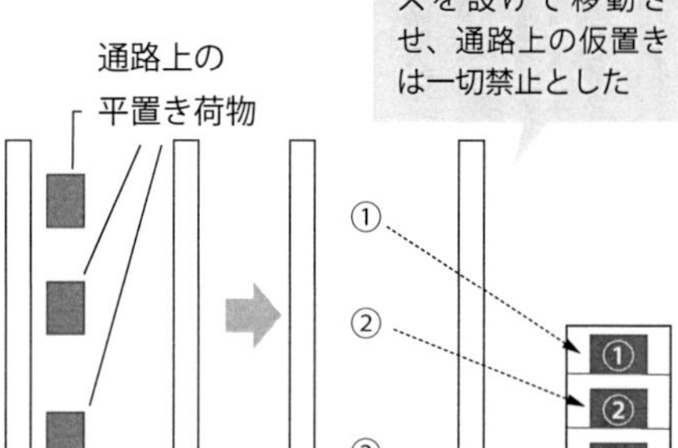

【対策】
- 通路レイアウトを工夫
  ⇒直線的なレイアウト
- 通路面の修繕・メンテナンスの徹底
- 平置き荷物の移動

通路上の平置き荷物は別に設けた仮置きスペースに情報の紐付けを行ったうえで移動

台車の積載量

台車の積載量についても注意する。とくに台車にまったく荷物が載っていない「から運搬」は避ける。また「もっと運べる」という理由から、一度に荷物を積みすぎるのも禁物である。取扱量から1回当たりの運搬量とそれにかかる時間を割り出し、1回の運搬における台車上の荷物量と運搬所要時間が一定になるようにする。

作業量を「人時」で視覚化

日次レベルの作業量を「人時（にんじ）」で表すことで視覚化しやすくなる。人時とは作業量などを表す単位で、1作業者の1時間の作業量を1とする。たとえば総人時が24（人時）ならば、8時間作業ならば、3人、6時間作業ならば4人で作業すればよい。

人時による平準化

フォークリフトによる荷捌き

ピーク　　　：フォークリフトがフル稼働
オフピーク：手待ち、荷待ちするフォークリフトの出現

総人時による管理

ピーク、オフピークの総人時から作業時間、
あるいは作業者数の平準化を状況に応じて行う

【例】
ピーク　　　80人時
　　　　　　8時間 ×10人

オフピーク　40人時
　　　　　　8時間 ×5人（作業時間を平準化）
　　　　　　4時間 ×10人（作業者数を平準化）

レンタルパレットの活用

フォークリフトの積載量を平準化するうえでパレットサイズの統一を図ることも必要である。ただし、コスト面の負担も気になる。そこで注目されるのがレンタルパレットの導入である。レンタルパレット会社から必要に応じてパレットを借りることで、取扱量のピーク、オフピークに柔軟に対応できるようになる。

「から歩行」の発生を抑制

「から運搬」と同様に「から歩行」も作業時間のムラ、ムダにつながる。たとえば、作業者が広い担当エリアを複数担当して作業する場合、「から歩行」が発生することが多い。ピッキングリストがわかりにくいといったことも歩行動線が長くなる要因となる。

「から歩行」の対策

「から歩行」の発生

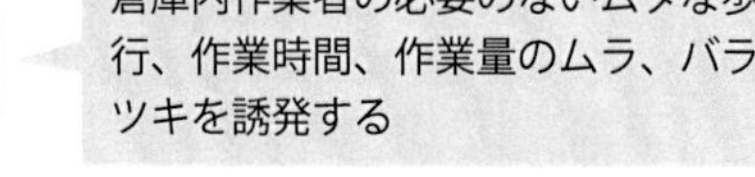

【対策例】

作業エリア・作業工程の統合
作業者がエリアをまたいで移動することにより生じる「から歩行」を回避

作業分担の見直し
「製品別」「仕分け先別」などに作業グループを編成する

仮置きスペースの撤廃
たとえば入荷後に仮置きせずにすぐに検品を行い、仮置きスペースを設けない

まとめ運搬の励行
小口の運搬はバッチ運搬に切り替える

手荷役の削減
手荷役からパレット荷役コンベヤ荷役などへの切り替えを図る

バトンタッチ方式

多品種少量の流通（物流）加工などを円滑に行う際、作業者の歩行を最小限に抑え、作業量を一定に保つためにバトンタッチ方式（リレー方式）が採用されることがある。作業者の引き継ぎを一定の作業域の中で柔軟に行い、異なる工程に対応する方式である。

出荷量の多い荷物順にする

出荷頻度の異なるアイテムが混在していると、荷探しの速度にバラツキが生じる。ABC分析により高頻度出荷品（A）、中頻度出荷品（B）、低頻度出荷品（C）に分類することで荷探し時間の平準化を図る。出荷量の多い高頻度出荷品を手前に置くことで調整を図るのである。

ダブルトランザクション方式による平準化

出荷頻度の多いアイテムが倉庫内に分散⇒荷探しにかかる時間にムラがある

ABC分析により、高頻度出荷品、中頻度出荷品、低頻度出荷品に分けて倉庫内レイアウトを組み替える

高頻度出荷品：出荷エリアに近い優先的なロケーション
中頻度出荷品：高頻度出荷品に次ぐ優先度のロケーション
低頻度出荷品：出荷エリアから遠いロケーションで構わない

高頻度出荷品の物量が多い場合はダブルトランザクション方式で対応

ダブルトランザクション方式

保管エリア：ABC分析による分析
ピッキング専用エリア：出荷指示の出た高頻度出荷品を中心にピッキング作業

荷探しにかかるムラが解消⇒ピッキング、出荷作業時間の平準化を実現

ダブルトランザクション方式のメリット

取扱量の多いセンターで出荷頻度のバラツキに対応するためにダブルトランザクション方式が採用されることが増えている。保管ロケーションを保管専用とピッキング専用の2ゾーンに分ける方式である。出荷頻度の高いアイテムが多い場合、誤出荷のリスクを軽減しながら、荷探しや出荷処理をスムーズかつ迅速に行うことができる。

平準化に役立つ「1個流し」

平準化において1個流しの考え方は重要である。1個流しとはある作業を1個、あるいは1回ずつ行うことをいう。

1個流しを行うことで、作業の滞留をなくし作業時間を最短化し、作業量を確認しながら作業を行い、作業ミスや問題の早期発見や修正が容易になる。複数の荷姿を同じサイクルタイムで出荷する場合にも活用できる。

異なる荷姿の出荷処理に対する平準化の考え方

複数の荷姿での出荷への対応

- **タクトタイム**

  $$タクトタイム = \frac{稼働時間 / 日}{生産数量 / 日}$$

  タクトタイムで作業を行えば、出荷と同期して対応できる

- **1個流し（都度処理）の実践**

  【メリット】
  - ●作業の滞留をなくす
  - ●作業時間を最短化
  - ●作業量を確認しながら作業を行える
  - ●作業ミスや問題の早期発見や修正が容易

- **サイクル表の作成**

  同一工程で複数のアイテムを流す場合、アイテムごとに作業比率を決めて順序づけをする

1個流し

たとえば、「キャベツ100個を包装から出して、洗って、包丁で切って、盛り付ける」といった作業について「包装から取り出す作業、洗う作業、包丁で切る作業、盛り付ける作業」とそれぞれ分けてバッチ（まとめ）処理を行うよりも、1個ずつ、一連の作業を行うほう（1個流し）が速いことが経験的に知られている。作業平準化を考えるうえで重要な考え方である。

第2章

入出荷の平準化

事例

2-1 入荷量・入荷作業にバラツキがある

☆☆☆

改善前

多頻度小口の入荷が多い。そのため、入荷検品が断続的に行われて非効率である。また格納・保管の際にエリアの往来などに「から歩行」が多い。

? 現状と問題点

入荷については曜日別のバラツキも多い。「週末や週はじめの月曜日などは入荷量が少なく、週の半ばは入荷量が多い」といった感じである。また前日に入荷したアイテムと同じアイテムが翌日にも続けて入荷する「重複入荷」も目立つ。

改善案 入荷量の少ない曜日を思い切って週次レベルで「ノー入荷デー」に設定し、「1週間に一度は入荷なしの日を設ける」とした。あわせて入荷ロットを原則、パレット単位に統一した。またサプライヤーごとの入荷予定を発注担当者が話し合い、毎日発注から隔日発注に切り替えた。

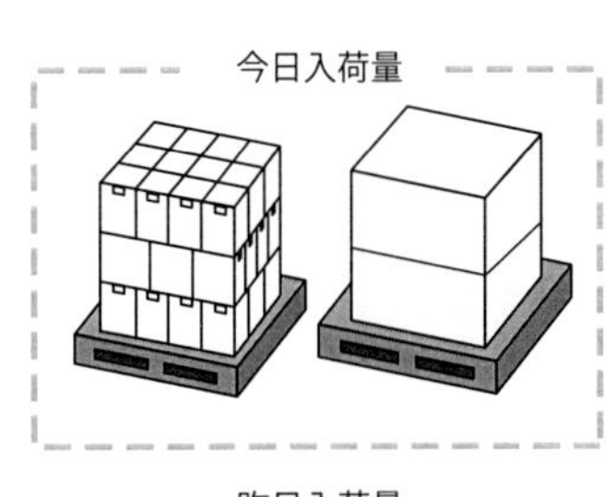

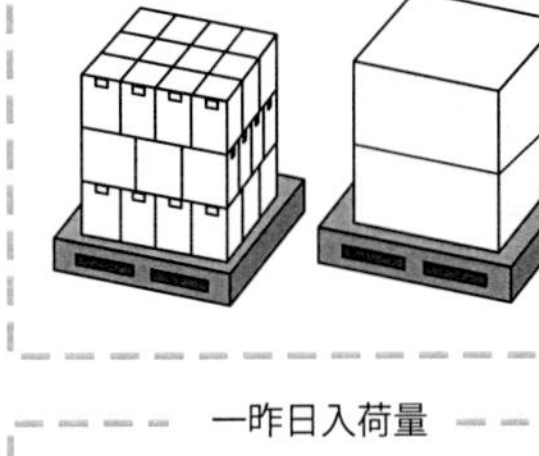

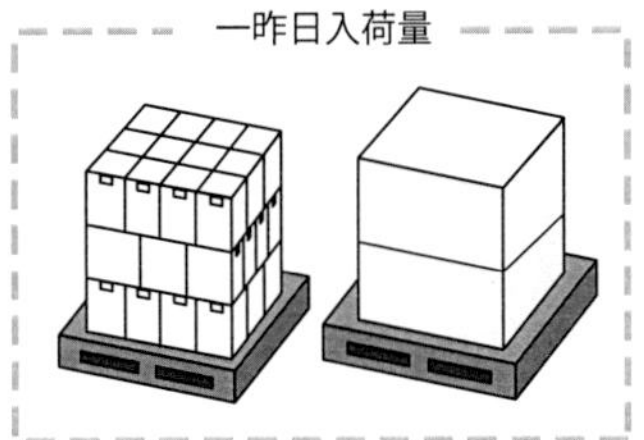

カイゼンの視点：「ノー入荷デー」の設定

入荷量の平準化を行うにあたって日次、週次、月次レベルのアイテムごとの入荷量を調査する。曜日別、アイテム別などの入荷量をグラフで視覚化することでカイゼンの方向性が検討できる。ちなみに発注頻度が増えて発注間隔が短くなるのは、当初設定していた平均出庫数よりも実出庫数が増えているためである。

平準化のポイント解説は ☞ 52ページ

事例

2-2 出荷量のバラツキを解消したい

☆☆☆

改善前

出荷量が多い日と少ない日のムラが大きい。そのため、作業時間が極端に延びたり、反対に早く終わりすぎたりして、人員配置にもムダが生じている。

? 現状と問題点

受注後翌日納品を原則としたオペレーションだが、納品トラックの積載率にバラツキが生じている。出荷作業が長引くことも少なくない。また曜日によって出荷量の波動が大きく、作業量に合わせた適切な人員配置に苦労している。

改善案 受注後翌日納品を翌々日納品に切り替え、トラックの積載率のバラツキを解消した。また受注業務ついても人手に頼った業務や手間がかかる業務フローを見直すことで、それまで出荷業務にかかっていた負荷を低減し、配車、傭車の平準化も実現した。

カイゼンの視点：翌々日納品のメリット

翌々日納品にはその他にもメリットがある。納品リードタイムに余裕を持たせることで事前の出荷量や出荷アイテムの調整が可能になり、欠品率が下がるという効果も期待できる。また納品トラックの出発時間の遅れや、それに伴う納品遅れも回避できる。

平準化のポイント解説は ☞ 53ページ

事例

2-3 手運搬中心の入荷作業を平準化したい

☆☆☆

改善前 荷捌きスペースが狭いために入荷作業が手運搬中心になってしまい、カゴ台車などの活用がむずかしい。

? 現状と問題点

入荷量の増加に対応するために保管エリアを拡張し、入荷後、保管エリアに仮置きしてから検品、格納作業を行っている。ただし、部品や資材などの入荷に際しては、入荷状況を見てから、ケースバイケースで保管ロケーションを決めているので格納にかかる時間にも大きなムラがある。

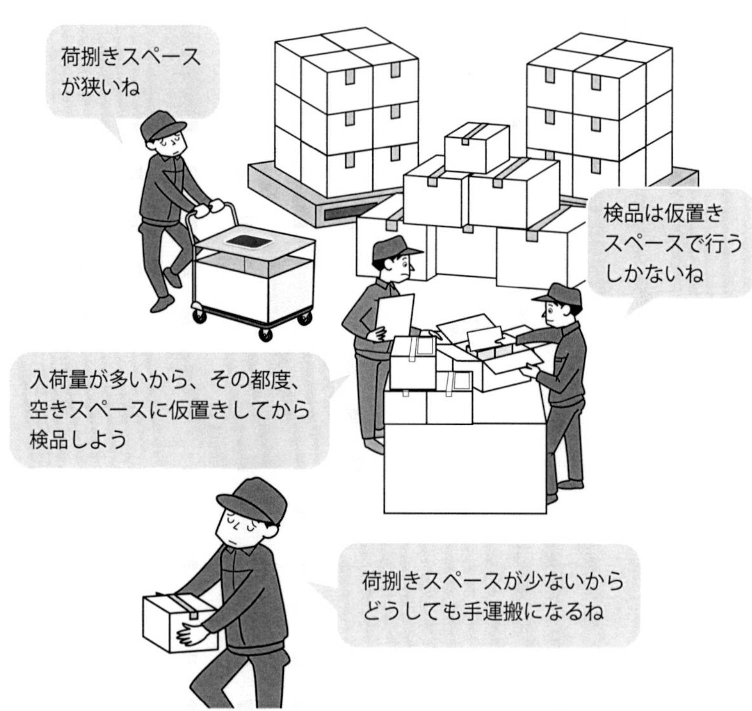

改善案 入荷、入荷検品、格納のプロセスを1つにまとめ、保管エリアの仮置き場をなくした。仮置き場を削減したスペースは荷捌きスペースとして利用して、荷捌きスペースを十分に確保することで入荷量の増減などに柔軟に対応できるようになった。また保管エリアのロケーションの所番地化も導入した。

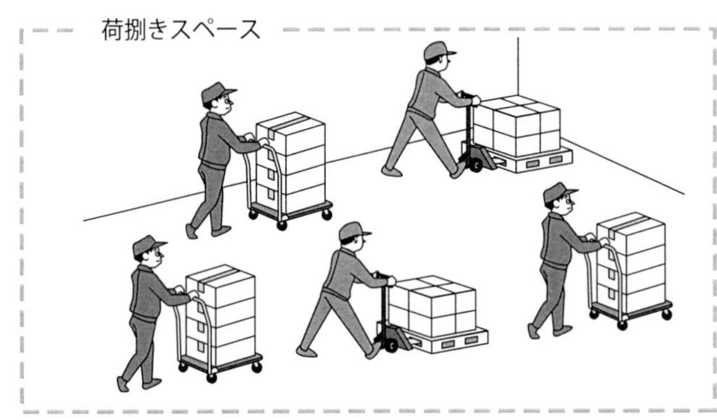

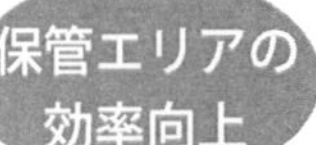

保管エリアのムダを省けたので、荷捌きスペースを十分とる余裕ができた

手運搬も台車に切り替えることができたね

 カイゼンの視点：平積み、高積みの回避

平積み、高積みの長期的な保管は平準化の大きな障壁となることがある。仮置きが常態化してしまうこともある。固定ラックなどに保管すれば、下段に先入れ荷物、上段に後入れ荷物を保管して、出荷依頼に応じて下段から荷物を取り出す「先入れ先出し法」を実践することも可能となる。

平準化のポイント解説は ☞ 54ページ

事例

2-4 ピッチタイムの最適化を実現したい ☆☆

改善前

バラ積み荷物を入荷バース（入荷トラックの積卸し接車スペース）付近でパレット積みしている。複数のフォークリフトの作業者が格納待ちのパレットを入荷バース付近からパレット専用の自動倉庫棟に運搬している。しかし、フォークリフトの運搬、格納に時間がかかりすぎている。

❓ 現状と問題点

トラックは積載率重視の観点からバラ積みで納品しているが、保管は自動倉庫にパレット単位で行っている。入荷後、荷捌きスペースでパレット単位にバッチ処理で積み替えている。フォークリフトはパレット置き場、荷捌きスペース、自動倉庫棟を巡回しているが、作業者が荷待ちすることも多い。

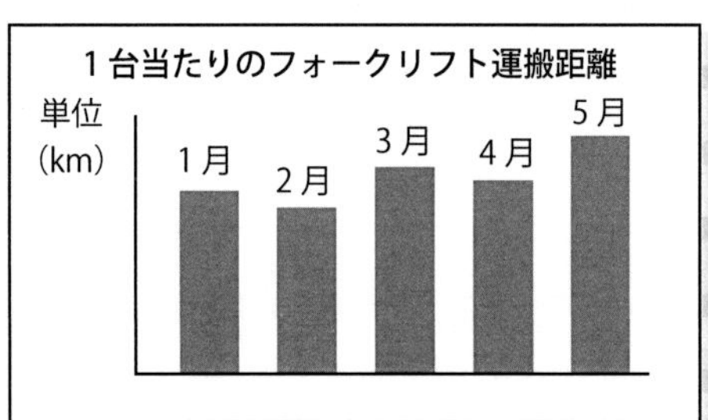

改善案 フォークリフトの運搬ルートを2分割した。①パレット置き場から荷捌きスペースへパレットを運ぶルート、②荷捌きスペースから自動倉庫棟にパレット荷の格納を行うルートに分けて、フォークリフトの作業者を配置した。また取引先と話し合い、バラ積みからパレット積みに納品の荷姿を変えてもらうことにした。

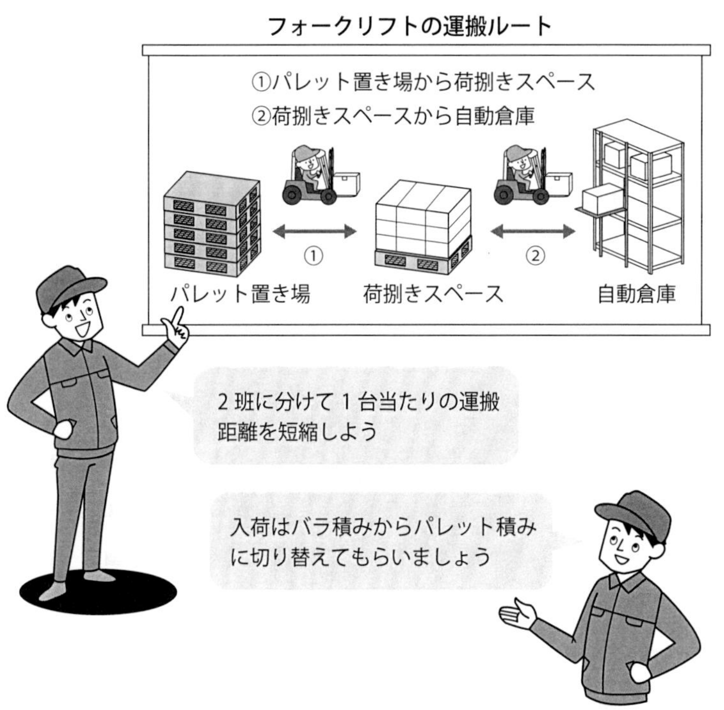

カイゼンの視点：パレット単位での入荷

トラックの荷台はバラ積みのほうが積載率は高いが、「バラ積みで積載率を100%近く積み込むには何時間もかかる」ということになる。法改正でトラックドライバーの荷捌き時間も料金に含まれることになったので、荷捌き、荷役効率に優れるパレット単位の積載が積卸し後の流れも含めて効率的である。

平準化のポイント解説は ☞ 55ページ

2-5 仮置き後、バッチ処理で入荷検品だが…

☆☆

改善前 入荷量が多いので、入荷検収後、いったん仮置きスペースに移し、後日、バッチ処理で検品、格納という手順で作業をしている。

❓ 現状と問題点

バッチ処理の検品と格納が他の作業の関係で後回しとされることが多く、仮置きスペースに荷物が常にあふれている状態が続いている。バッチ処理の検品と格納にかかる時間が長く、他の作業工程の進ちょくに悪い影響を与えている。誤検品、誤格納も多く、在庫精度も低くなっている。

改善案

入荷量の大きなバラツキについては取引先や受注担当者と相談して再調整することにし、そのうえで仮置きスペースをなくして、入荷検収と検品をまとめて1作業工程とした。また仮置きスペースの代わりに保管スペースを増やし、入荷後の検品、格納、保管をスムーズに行えるようにした。

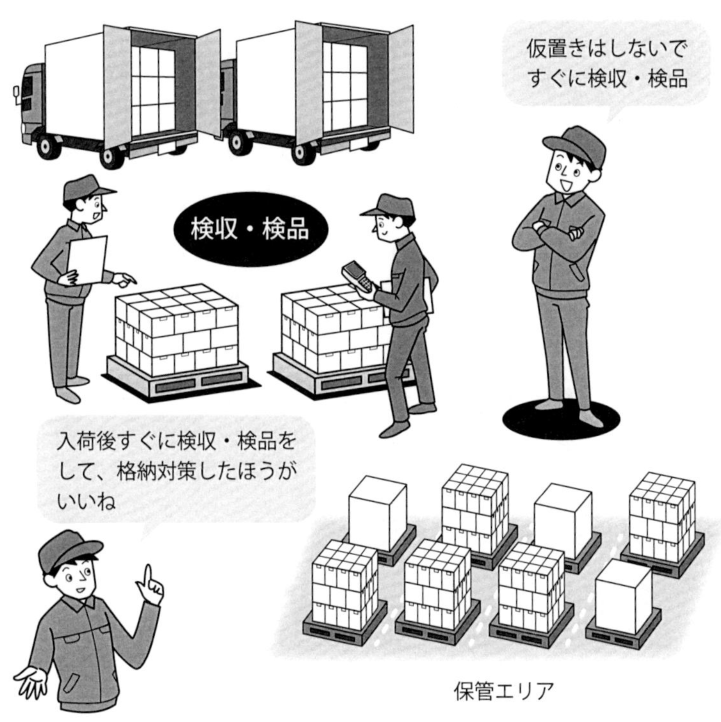

カイゼンの視点：検品工程の単純化

取扱製品の性質にもよるが、出荷元の工場などですでに出荷検品が行われ、梱包されたうえで、パーツセンターなどに入荷してくる場合、あらためて開梱し、入荷検品を行わないで、梱包状態のまま、「ノー検品」で格納、保管するという選択肢もある。また入荷検品のプロセスの簡略化も検討に値する。

平準化のポイント解説は ☞ 56ページ

発注管理

発注点を設定しての発注については、日次レベルの出荷量や発注日から納入日にいたるリードタイム、安全在庫数などを把握する必要がある。また、定量発注方式を採用していても、需要変動や市場の変化などを常に見据えて、適時、発注点の見直しを行うことが望ましい。

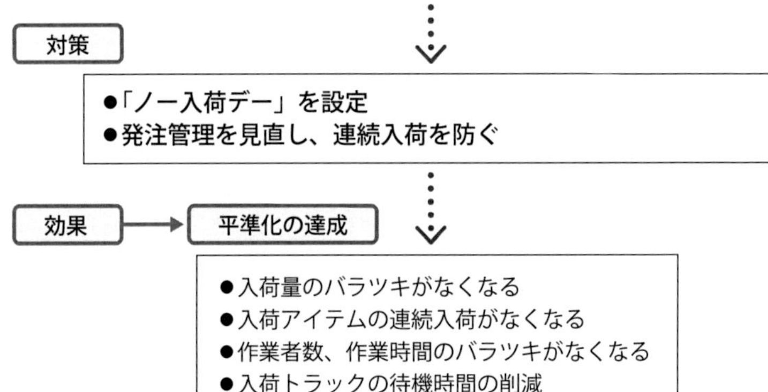

入荷トラックの積載率

「ノー入荷デー」を設けるメリットは入荷業務の平準化のみならず、入荷トラックの負担軽減にもつながる。複数日にまたがる同一アイテムの重複入荷を回避することで、入荷トラックの積載率（積載トン数÷積載可能トン数×100）を向上させることも可能になる。また入荷トラックの手待ちなどの待機時間も短縮することができる。

出荷指示

出荷指示は納期別、顧客別にも分類することでピッキング作業、梱包作業などの効率化が可能になる。また早めに出荷指示を出すことで納期遅れを回避することもできる。加えて、出荷完了後にすみやかにデータ入力することで連続出荷を避けることもできる。

出荷量の平準化のポイント

現状

- 出荷量が多く、曜日によって取扱量に大きな変動がある
- 出荷遅れ、納品遅れが目立つ
- 出荷処理に人手と時間がかかるが、日によって作業量が違うので人員配置が難しいし、作業時間の見通しが立ちにくい
- 少子高齢化の影響でドライバーの確保が難しく、配車、傭車に苦心している
- 荷待ちトラックの増加に対応しきれない
- 出荷トラックの積載率のバラツキが大きい

対策

- **翌日納品から翌々日納品にリードタイムを調整**
- **出荷管理を見直し、事前出荷調整を徹底**

効果 → **平準化の達成**

- 出荷量のバラツキがなくなる
- 出荷遅れ、納品遅れがなくなる
- 作業者数、作業時間のバラツキがなくなる
- 出荷トラックの積載率のバラツキがなくなる
- トラックドライバーの確保が可能になり、荷待ちなども減少

納品リードタイムの工夫

翌日納品から翌々日納品に切り替えることで、少子高齢化で進むトラックドライバー不足にも対応することができる。また、納品リードタイムに余裕を持たせることで、運行スケジュールがタイトである鉄道輸送や海上輸送などのトラック輸送以外の輸送モードを活用し、モーダルシフト輸送によりCO_2削減などの効果も期待できる。

ロケーション管理の導入

入庫・棚入れ・格納作業を効率的に行うにはロケーション管理の導入が不可欠である。固定ロケーションやフリーロケーションを導入し、しっかりとロケーション管理を行う必要がある。固定ロケーションでは、商品別に格納エリア、保管エリアに所番地を設けて管理する。これに対してフリーロケーションは、空所となっている任意の所番地に商品を順次格納していく方式である。

手運搬中心の入荷作業の平準化

現状

- 入荷作業で手運搬が多い
- カゴ車などの活用が非効率的である
- 検品、格納作業プロセスにムダが多い
- 格納作業の作業量、作業時間のムラが大きい

↓

対策

- 入荷、検品、格納のプロセスを統合
- 保管エリアの仮置き場を撤去
- 荷捌きスペースの拡大で、カゴ車などの導入を推進
- 保管エリアのロケーションの所番地化を導入

↓

効果 → **平準化の達成**

- 入荷作業の手運搬を解消
- 入荷、検品、格納の作業時間の短縮
- ピーク時間の過度な負担を軽減
- ロケーションの所番地化で格納時間のムラを解消

入荷検品の見直し

入荷検品の作業量にムラが出ることがある。原因としては、「検品エリアのレイアウトが作業フローと合っていない」「検品の対象となる物品の置き場所が一定でない」「必要以上にチェックや確認を行っている」などが考えられる。作業フローやレイアウトを変更したり、検品項目をもう一度、見直したりしてみるとよいだろう。

ボトルネック工程の見直し

平準化を実現するためには、倉庫内における各作業の所要時間や処理能力のバラツキも解消しなければならない。全体の作業時間を間延びさせ、ボトルネックとなるような非効率な作業を見直す必要がある。各工程の作業時間は可能な限り、大きな隔たりがないようにラインバランスを工夫するのである。

平均作業時間の平準化

物流工程の作業量・作業時間

平準化のポイント

各工程の作業時間のバラツキの回避	ボトルネック工程の回避	作業工程の統合
作業工程にかかる平均作業時間を可能な限り同程度にする ⇒ラインバランスの見直し ピッチタイムの最適化を検討する ⇒レイアウトや動線の見直し	作業工程がとくに長い作業工程は、作業者の割り当てなどを変更する ①レイアウトや動線の見直し ②作業工程や作業分担の見直し ③商慣習、段取り、ルーチン作業などの見直し	横持ち、仮置き、手待ち、荷待ちなどが発生するようであれば、作業工程の統合を検討する ①重複している作業工程の見直し ②作業工程のムダの洗い出し

ピッチタイムの最適化

平準化が達成されていない作業工程では、ラインバランスが不自然なことがある。すなわち、一連の流れの中で、いずれかの作業がボトルネックとなり、その他の作業で手待ちや荷待ちが発生しているのである。ボトルネック工程の作業効率化を図ることで、工程全体のピッチタイム（作業時間）の最適化が可能になるのである。

作業工程の統合

平準化を実現するためには作業時間のムラをなくす必要があるが、ハンドリングの回数が多くなると、運搬作業や確認作業も増えて、処理に時間がかかることになる。作業工程を統合し、各作業者の分担の垣根を低くすることでハンドリング回数、運搬回数、確認回数を減らすことができるのである。

仮置き工程の解消によるムラの解消

現状

- 入荷検収後、仮置きスペースに移し、バッチ処理で検品、格納という手順
- バッチ処理の検品と格納が後回しとされる
- 仮置きスペースの荷物がキャパシティオーバー
- バッチ処理が長く、他の作業工程が遅れてしまう
- 誤検品、誤格納が多く、在庫精度が低い

対策

- 取引先や受注担当者と打ち合わせ、入荷量のバラツキを調整
- 入荷検収と検品を統合して１つの作業工程とし、仮置きスペースを解消した
- 入荷後の一連の作業をスムーズに行うため保管スペースを増やした

効果 → **平準化の達成**

- 入荷量のバラツキを調整
- 仮置き工程のムダを解消
- 検品、格納をまとめ処理から都度処理に変更
- 誤検品、誤格納の減少
- 在庫精度の向上

「手段としての作業」

作業には「目的としての作業」と「手段としての作業」がある。物流作業では、運搬や仮置きの作業などは、顧客のニーズではなく作業現場の事情で発生しており、省くことが可能な作業であることが多い。なお、一般論としていえば、手段としての作業は20%以下を理想としたい。40%を超えるようならば「抜本的な改革が必要な現場」といえるかもしれない。

ピッキング・仕分け作業の平準化

事例

3-1 ピッキング作業時間にバラツキがある

☆☆☆

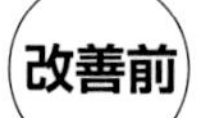

3段のパレットラックからケースピッキングを行っているが、下段と中上段でピッキング作業時間に差が生じている。

? 現状と問題点

パレットラックからケース単位で取り出して、フォークリフトに積み込んでいる。中上段については保管パレットをいったん通路に降ろして、ケースを空パレットに積み替えて、出荷エリアに運んでいる。ただし、下段の保管パレットについてはフォークリフトで通路に移さなくても直接、作業ができるので中上段に比べると時間がかからない。

改善案 高頻度出荷品は下段に集中させる。中上段については中頻度、低頻度出荷品のパレット保管に限定した。また出荷量がとくに多いアイテムについては、中上段は下段の補充ロケーションとしても活用することにした。また、取引先と話し合い、可能な限りケース単位ではなくパレット単位での出荷に切り替え、パレットピッキングで対応できるようにした。

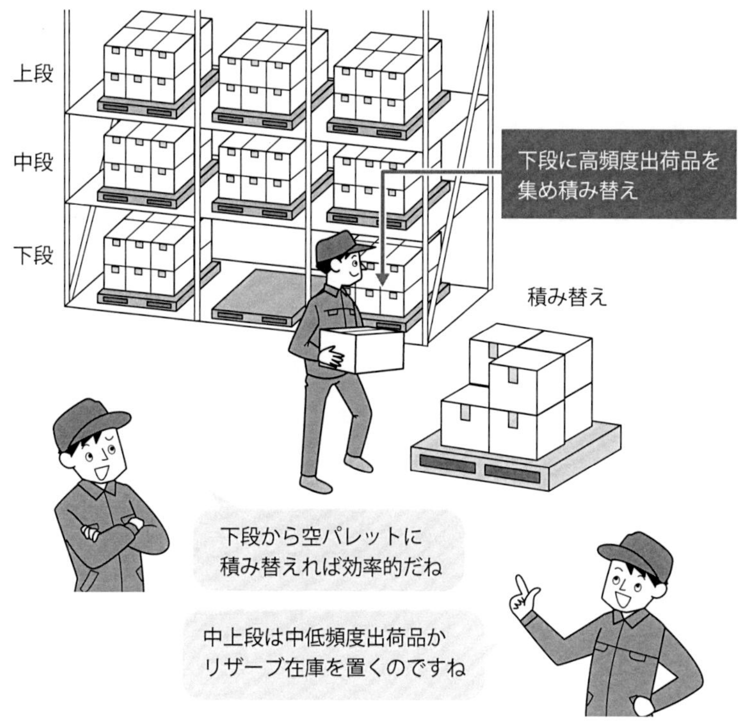

 カイゼンの視点：ピッキング作業時間の短縮

ピッキング作業で時間がかかる場合、「ロケーション確認」「アイテムの取り出し」「歩行および運搬」「アイテムの確認」のうちのいずれかの時間が他の作業時間よりも長くなっているために、作業者ごとの所要時間にもバラツキが出ているケースが多い。

平準化のポイント解説は ☞ 68ページ

事例

3-2 ピッキング作業が午後に集中してしまう

☆☆☆

改善前 午前中に入荷作業、午後から出荷作業を行っている関係でピッキングが午後の遅い時間帯に集中し、ピーク時には夕方には終わらず夜まで作業が続いている。

? 現状と問題点

午前中は入荷作業、午後は出荷作業というすみ分けを行っている。午前中の入荷は早い時間帯のものもあれば比較的遅い時間帯のものもあるが、午後にはかからないように終わらせることにしている。ただし、午前中の入荷品を必ずしも即日出荷させるわけではない。入荷が少ない日には荷待ちの作業者も多い。

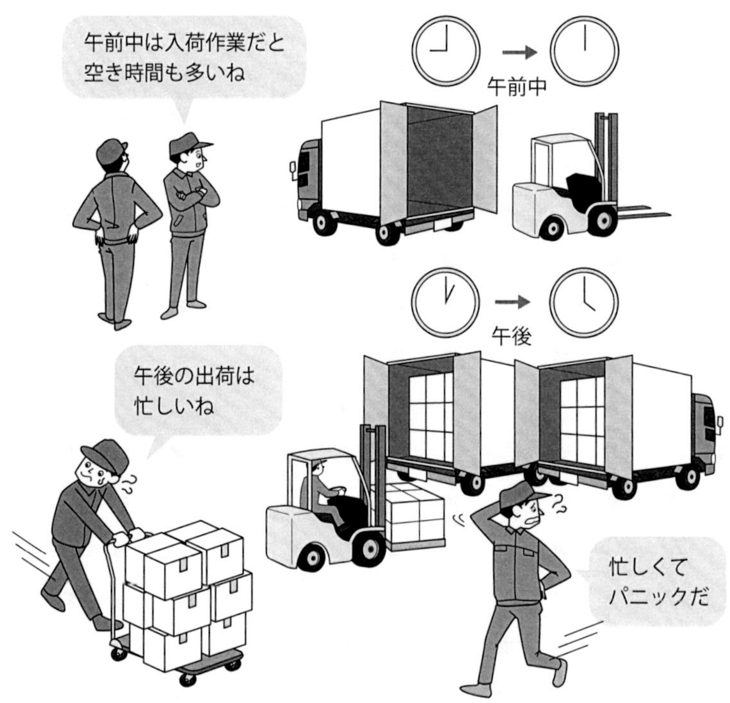

改善案 作業者によっては手空き時間が生じている午前中の入荷作業と並行するかたちで、出荷指示の出ているアイテムについては出荷作業を前倒しで行うことにした。また、それまで出荷に際してのピッキング工程の前後で行っていた、開梱や詰め替えの工程を入庫、格納の際に行い、出荷作業の負担を軽減した。

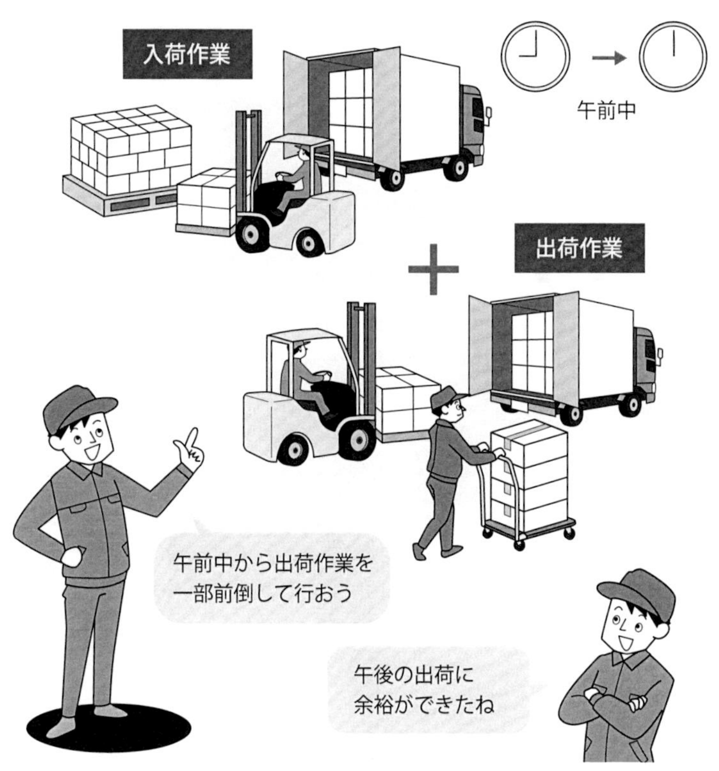

カイゼンの視点：前日受注比率

前日受注、あるいは前々日受注を増やすことで、入荷作業の平準化を推進することができる。営業部門で前日に受注がわかっていても、物流センターへの出荷依頼が当日になるケースもある。値札、納品伝票などの発行遅れがピッキング、出荷作業に大きな影響を及ぼすことも少なくない。

平準化のポイント解説は ☞ 69ページ

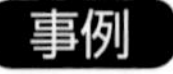

3-3 ピッキング作業の業務変動が大きい

☆☆

出荷依頼を受けてピッキング作業を行っているが、ピッキング作業量が日により大きく異なる。なんとか平準化したい。

現状と問題点

多品種少量のピッキング作業において、その作業量の変化にかかわらず、ピッキング作業者数は固定されている。ユーザー別の出荷量の割り当て（アソート※）に時間がかかり、現場作業の開始が遅れることも多い。受注処理の遅れで、手待ちの作業者が発生することも珍しくない。

※アソート：仕分けなどのこと

改善案

入出荷量の大きなムラに問題があると判断して、対策を立てた。入荷については納入日指定を行い、どれくらいの入荷量が見込めるかを明確にした。出荷については小口顧客に対して曜日別の計画出荷を行い、ピッキング作業量を前もって計画し、作業時間の予測を立てることにした。

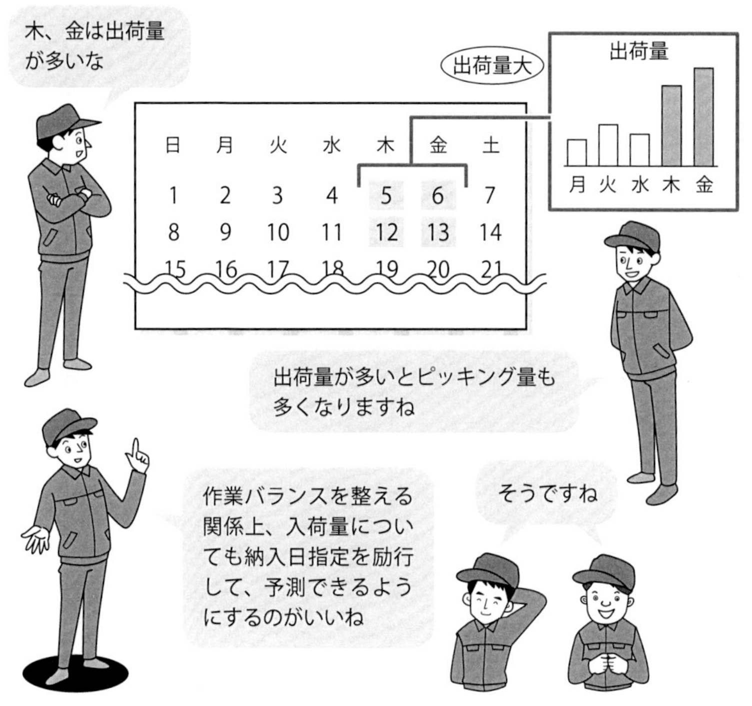

カイゼンの視点：流動的な人員配置

製造現場におけるセル生産方式のように、物流現場でも作業者が複数の工程を担えるようにすると作業時間の短縮につながる。さらにいえば、作業者の配置を流動的にして、「必要な工程に、必要な作業者を、必要なだけ投入できる体制」を構築することも平準化には不可欠である。

平準化のポイント解説は ☞ 70ページ

事例

3-4 ピッキングロットを検討する

☆☆

改善前

出荷効率を上げるために取引先へ複数のアイテム（機器本体と付属部品など）を同梱にして出荷したいが、ピッキング担当者には、どのアイテムが同梱・同送品となるのかがわからない。

現状と問題点

ピッキングを関連アイテム群ごとに行っているので、同梱・同送が必要かどうかを現場では判断できない。同梱・同送するためにはピッキング後にあらためて同梱向けに仕分けを行う必要があり、効率的とはいえない。また、当日出荷する場合には時間的にも同梱作業の時間は設けにくい。

※ピッキングロット：ピッキングを行う際の同一製品などのまとまり

改善案

ピッキングロットを出荷方面別に組み直し、作業者の分担もそれに合わせて出荷方面別や顧客別に変更した。時間帯ごとのピッキングと仕分けの作業計画も出荷方面別、顧客別に行うようにした。また、受注処理、出荷指示の時点で各アイテムの仕分けエリアの配置と同梱・同送の指示を行えるようにした。

カイゼンの視点：ピッキングリストの見直し

ピッキングリストが見にくいと、歩行距離や移動時間が長くなるなど、作業効率の低下にもつながる。また動線が複雑になり、ピッキングに時間のかかる作業者を後続の作業者が待たねばならない「渋滞」が発生しないように工夫する必要もある。

平準化のポイント解説は ☞ 71ページ

事例

3-5 ピッキング作業のボトルネックをカイゼンしたい ☆☆

改善前 部品センターで種まき式（デジタル・アソート・システム：DAS）によりピッキング作業を行っているが、荷量が多く、出荷時間に間に合わないケースが出ている。

? 現状と問題点

出荷オーダー量に合わせて作業者が保管エリアからピッキングを行い、出荷先別に仕分けているが、仕分けに時間がかかることもある。また出荷量の少ないアイテムの荷探しに時間がかかることもある。ピッキング作業がボトルネック工程となり、積込み、出荷時間が遅くなることも多い。

改善案 出荷頻度分析を行ったところ、出荷頻度の高い大ロットのアイテムについては種まき式で問題はないが、ピース単位などの少量出荷が全体の20%ほどあり、それが種まき式ピッキングのボトルネックになっているのがわかった。そこで少量出荷のアイテムについては摘み取り式（デジタル・ピッキング・システム：DPS）を採用することにした。

カイゼンの視点：ハイブリッド方式の採用

本項の「種まき式か、摘み取り式か」の他にも「固定ロケーションか、フリーロケーションか」「パレット単位のフォークリフト荷役か、段ボール箱単位のコンベヤ荷役か」など、物流特性により倉庫内作業の選択肢は変わってくる。加えて、物流特性が複雑な場合には、その双方をうまくかみ合わせたハイブリッド方式という選択肢が出てくることも念頭に置く必要がある。

平準化のポイント解説は ☞ 72ページ

ラックからの取り出し作業の効率化

「ラックからの取り出し」に時間がかかりピッキング作業全体の進ちょくにバラツキが生じてくる場合、入出荷頻度を考慮したロケーションの設定を行ったり、ラックのレイアウトを見直したりすることで効率化を図ることができる。また保管アイテムの荷姿が標準的な形状でないために時間がかかることもある。

ピッキング工程の作業手順チェックシート

ピッキング工程の作業区分（例）

作業名（大分類）	ワーク分類（中分類）	作業区分（小分類）
ピッキング	ロケーション確認	ピッキングリスト出力、確認など
	歩行および運搬	保管・ピッキングエリアに移動 （フォークリフト、カート、歩行方法の確認など）
	アイテム確認	ピッキングリストの確認、アイテムとの照合など
	アイテム取り出し	ピッキングの実作業※、確認など
	歩行および運搬	ピッキングエリア内の移動、運搬など
	アイテム取り出し	ピッキングの実作業（繰り返しの必要のある場合）、作業手順の確認など
	歩行および運搬	出荷エリアへの運搬、確認など

※ピッキングの実作業とはアイテムをピッキングして、台車、カート、パレットなどに積載するまでの作業を指す（ピッキングの形態により異なる）

各作業区分にかかる時間に大きなムラがある場合、カイゼンの必要がある

ワークサンプリング

ピッキング作業にバラツキがある場合、作業区分を細かく分けたワークサンプリングを行い、制約条件は何なのかを探る必要がある。現場を動画に撮り、作業区分ごとの時間を計り、「何がムダ、ムリなのか」「どうしてムラが発生しているのか」ということを徹底的に分析するのである。特定の作業区分が著しく大きな比重を占めているようならばカイゼンの余地があるといえる。

物流ABCの活用

ピッキング作業量については物流ABC（活動基準原価計算）※などを導入して、「ピッキング１回当たりの単価」などを求めたり、「ピッキング１回当たりの作業標準時間」を設定したりすることで、ピッキングにおいて「作業ペース・ロス」が発生していないかをチェックする必要もある。

入荷業務と出荷業務の調整

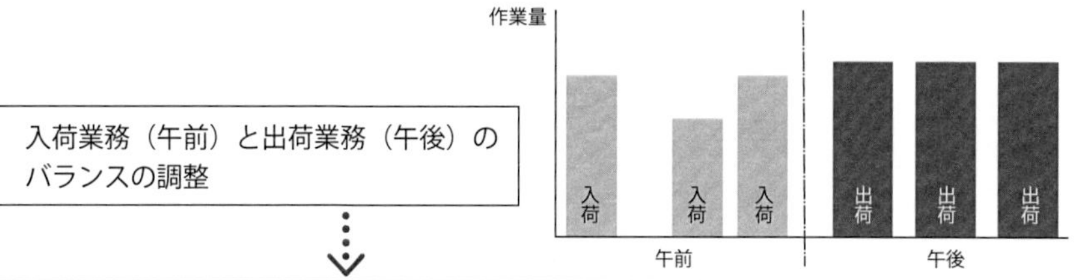

- 前日受注率の低減について担当者と検討
- 入荷業務における手待ち・荷待ち時間の活用
- ピッキングの前後工程の前倒し（開梱、詰め替え作業など）

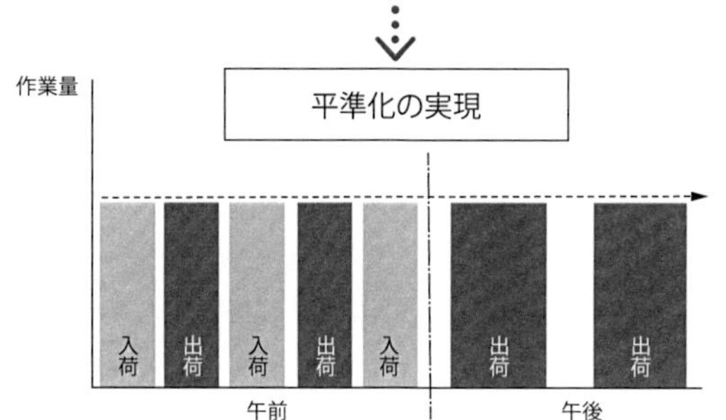

リアルタイム処理だけでは手待ち、荷待ちが発生してしまう場合には、バッチ処理で後工程の一部を前倒しすることで平準化を図る

ピッキングの付帯業務の削減

ピッキング作業に時間がかかる場合、付帯業務に振り回されている可能性もある。たとえば、作業後のピッキングリストなどの整理や作業日報の作成、あるいは営業部門などからの電話などでの問い合わせへの対応などに時間がかかりすぎれば、実作業の平準化にも影響が出てくる。付帯業務についても簡素化、効率化を推進していく必要があることに留意しておきたい。

※物流ABC：ピッキング、仕分けなどの物流の活動について原価を計算する管理手法。「作業単価＝作業原価÷当該作業処理量」で求める。

ピーク時の作業量

「ピーク時の作業量をいかに減らしていくか」ということは平準化を実現するうえで避けては通れない重大な課題である。そのためにはボトルネックとなる作業を明確化しておく必要がある。ピッキング作業についていえば、ピッキングエリアへの必要アイテムの補充などは事前に周到に行うなど、「作業を早く終わらせるための段取り」をしっかり整える必要がある。

ピッキング作業の平準化のプロセス（例）

荷量の大きな変動

- 入荷量の平準化 → **納入日指定制度の導入** → 入荷量のピーク解消　入庫・格納作業の負担軽減
- 出荷量の平準化 → **綿密な出荷計画の策定** → 出荷量のピーク解消　仕分け・出荷作業の負担軽減

納入日指定で入荷量のバラツキを解消し、綿密な出荷計画を策定して、出荷量のムラをなくす

→ ピッキング作業の平準化

入出荷量が平準化されれば、ピッキング作業量もムラが小さくなり平準化される

作業者数の調整

作業量がなかなか平準化できなければ、作業量に合わせた作業者数を確保してピーク時に対応しなければならない。他工程などから作業者を増員し、ピークシーズン、月次レベルのピーク期間、ピークとなる曜日に対応するなど、入出荷量の突出時期を見定めて行うとよい。作業者数は工程ごとに常に一定にせず、ピーク時には別工程の作業者のサポートを可能にしたマルチシフトが望ましい。

多能工の活用

同梱・同送品があることをあらかじめピッキング作業者や出荷方面別仕分け作業者と情報共有できるようにしておくとよい。なお、ピッキングから同梱までの一連の作業工程は、可能な限り「多能工化」された同一の作業者が行うようにするとより効率的となる。

同梱・同送の導入による平準化

現状

- 同梱・同送すべきアイテムがあるが現場では判断できず別送されることが多い
- ピッキング作業者の担当はアイテム群単位やゾーン単位で、同梱・同送するためにはピッキング後にあらためて仕分けする必要がありコストがかかる
- 受注の時点では同梱・同送可能なアイテムがあるかどうかを判断できない
- 仕分けエリアや出荷トラック積込みの担当者も、同梱・同送可能なアイテムを判断できない

対策

- ピッキング作業分担をアイテム群別から出荷方面別に変更した
- 作業時間帯を設定して、ピッキングと仕分けを行うようにした
- 受注の時点で同梱・同送を指示できるようにし、「同梱物管理機能」を備えたWMSを導入し、ピッキングリストに同梱物の有無を反映した
- ピッキング作業者の多能工化を推進した

効果 → **平準化の達成**

- ピーク時の出荷量を抑制
- ピッキング工程・仕分け工程の簡素化
- 包装工程の簡素化
- 誤出荷の減少

出荷頻度分析

出荷ピークに仕分けエリアが混乱しないように、日次単位の顧客数、出荷総量に加え、出荷先別、顧客別に出荷量がどれくらいあるのか、ピース、ケース、カゴ台車、パレット単位でデータを取り、出荷先別、顧客別に出荷頻度を分析する。なお、仕分けエリアの動線は可能な限り短くし、作業者がムダな歩行をしないようにする必要がある。

ムダのチェックとカイゼン

ピッキングは、ピックアップする作業自体は短い時間で終わるが、歩行、運搬、荷探し、アイテムチェックなどの一連の時間がかかったり、個人差が生じたりすることが多い。平準化を進める過程で、「ムダな歩行や運搬、荷探し、確認がないか」ということを入念にチェックしておきたい。

ピッキング作業の平準化に向けての工夫

ピッキング方式

種まき式

（デジタル・アソート・システム：DAS）

仕分けリストなどに基づいて出荷先が決まっているカゴ車などに出荷品目を配っていく方式

出荷先数がアイテム数よりも多い場合に採用

摘み取り式

（デジタル・ピッキング・システム：DPS）

作業者が保管エリアのラックの前をカートなどを押しながら歩行し、ピッキングリストにあるアイテムを取り出していく方式

アイテム数が出荷先数よりも多い場合に採用

ピッキング作業の平準化

アイテムにより出荷先数が異なる場合などにはピッキング時間帯を分けて、併用し、必要に応じて出荷先ごとに荷合わせを行う

ピッキング作業の心構え

ピッキングを手際よく行うためには、作業に先立ち、「倉庫内のどこに、どのようなアイテムが保管されているか」という在庫の配置を頭に叩き込んでおく。もちろんピッキングに際しては、アイテム、数量の確認は指差呼称などで必ず行うようにする。また最適化されたピッキング通路を走ることなく、しかし機敏に移動することも常に心がけたい。

第4章 在庫・保管の平準化

事例

4-1 在庫量のバラツキが大きい

☆☆☆

改善前

在庫量のバラツキが大きいのでピーク時の出荷量に合わせて人員配置や作業者数を決めているが、オフピークには作業者に手待ちのムダが発生している。

❓ 現状と問題点

出荷計画にバラツキが生じているために、過剰在庫の状態になったり、過少在庫により欠品が生じたりすることも少なくない。ピーク時とオフピーク時の在庫量の差が大きい。多くのムラが生じているために物流コスト高になっている。

改善案 **品目別に出荷量を調べ、優先順位をつけて平準化を進めることにした。たとえば出荷量の少ないアイテムについては在庫量を減らして、「受注発注方式」を導入することにした。また、段ボール箱を「才※」単位で管理し、ロットサイズの最小化を行い、可視化を推進した。**

※1才＝1尺×1尺×1尺＝縦30.3cm×横30.3cm×高さ30.3cm＝0.0278m³

 カイゼンの視点：在庫量の管理の方針

出荷量の少ないアイテムを受注発注方式としたうえで、平均的な出荷量のアイテムについては、現状の在庫量を基準に管理することにする。出荷量の多いアイテムについては「需要変動が大きいか」「陳腐化しやすいか」などに着目し、可能な限り出荷量の予測・見込みを立てつつ、過剰在庫を避けて平準化を推進する。

平準化のポイント解説は ☞ 84ページ

事例

4-2 クロスドッキング方式の導入による平準化 ☆

改善前 **多層階の倉庫だが、複数のサプライヤーからの部品の入荷、格納、保管を行っている。しかし、入荷量が多いため保管スペースがあふれかえっている。**

? 現状と問題点

入荷アイテムは出荷実績などを踏まえて保管され、出荷依頼に基づき顧客別などに荷合わせして配送している。しかし、入荷量と出荷量のバランスがとれず、大ロットの入荷品目は保管エリアのラックだけに収まらず、通路にも山積みしてしのいでいる。

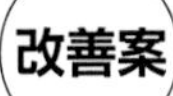

入出荷量の多い一部のアイテムは、1階部分を利用して入荷後、開梱せずに、そのまま荷合わせして迅速に出荷する「クロスドッキング方式」を採用した。短時間で複数の出荷先から配送されてくる荷物を取引先ごとに区分、仕分けし、即座に発送するようにした。

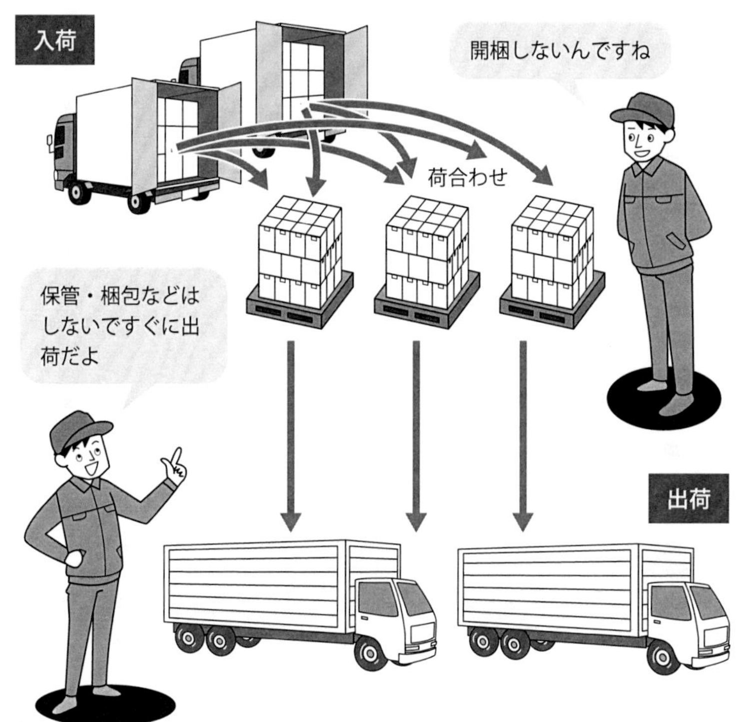

カイゼンの視点：クロスドッキング方式に適した倉庫内レイアウト

クロスドッキング方式に適した倉庫内レイアウトは、原則として入荷から出荷にかけての一連の流れや動線が直線的、あるいは入出荷アイテムの荷合わせがスムーズにできるレイアウトが要求される。またフォークリフトなどの物流機器の効率的な活用や仕分けのためのコンベヤの設置も必要になる。

平準化のポイント解説は ☞ 85ページ

事例 4-3 輸入貨物の増加で入荷ピークに対応できない

改善前 国内物流センターに海外工場からの輸入貨物が入ってくる。物流センターで検品後、格納、保管し、出荷依頼を受けて、国内取引先の店舗に配送している。

現状と問題点

海外貨物の増加により、入荷量が増えてしまい、輸入貨物の入荷量のピーク期間においては保管スペースを十分に確保できなくなっている。また、海外工場の出荷から一度、物流センターを経由することになるので納入リードタイムが長くなり、急ぎのオーダーには対応しづらい。

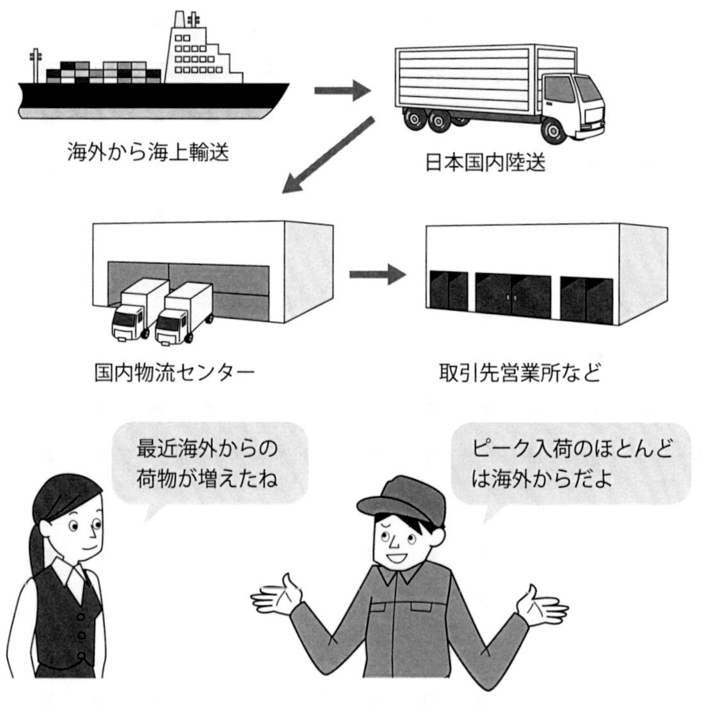

改善案 **高頻度出荷品の輸入について、海外工場から国内物流センターを経ずに直接、取引先の店舗に納入する「ドロップシップ方式（直送方式）」を導入した。なお、検品については、海外工場からの出荷前にのみ行い、取引先の店舗にダイレクトで納入されることになるので検品作業の負担軽減にもつながった。**

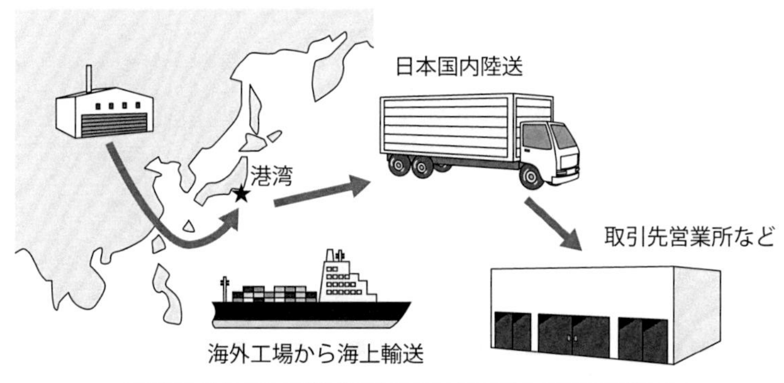

国内物流センターを経ずダイレクトに取引先まで配送

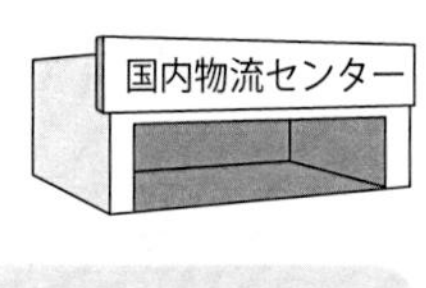

 カイゼンの視点：ダイレクト配送の実践

ドロップシップ方式は、海外からだけではなく、国内工場から物流センターやデポ（小型物流拠点）を飛び越えるかたちで取引先の営業所や店舗にダイレクトに配送しても成立する。多段階経由を可能な限り解消し、ダイレクト配送によりルートの最短化を図れるようになる。

平準化のポイント解説は ☞ 86ページ

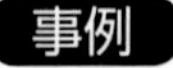

4-4 保管スペースでの荷繰り、荷探しが多い

☆ ☆ ☆

改善前 保管スペースに物品が入りきらず、通路に平置きするかたちで仮置きしているが、荷繰り、荷探しが多い。保管効率を向上させて、保管量の平準化を図りたい。

? 現状と問題点

倉庫内では原則、先入れ先出し法で保管物品を出荷している。しかし、保管スペースに段ボール箱単位で平置きされているため、先に入荷、格納した物品は下になり、先入れ先出し法を実践するためには上部の段ボール箱を一度移動させたうえで、下部の段ボール箱を取り出すなど、作業にムダな動きが多くなっている。

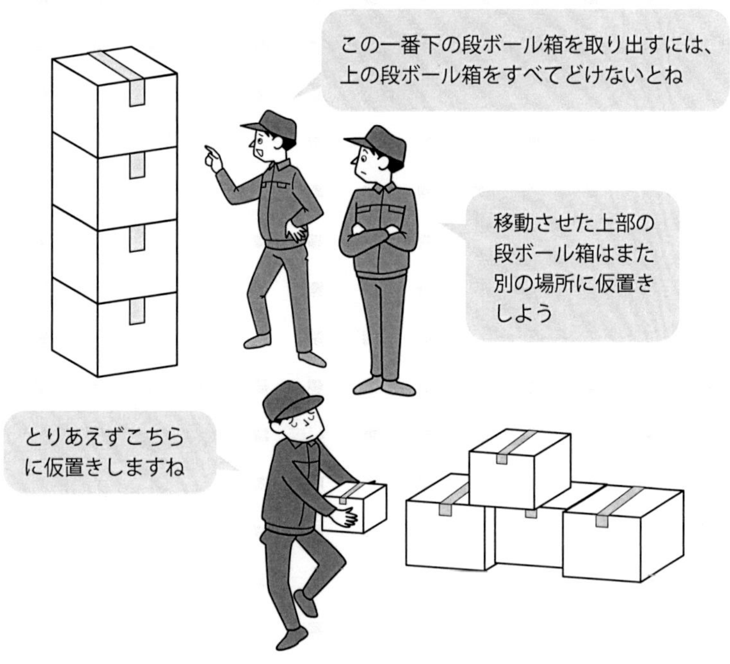

改善案 固定ラックを追加導入し、「3定（定位・定品・定量）」を徹底させた。「どこに、何を、いくつ置くか」ということをまずしっかりと決め、そのうえで固定ラックを追加導入した。また固定ラックには品目表示を行い、保管物品の棚板には最大量と最小量、最適量などを明示した。

カイゼンの視点：荷繰り、荷探しをなくす

3定の実践により、荷繰り、荷探しが確実に減少する。「荷繰り」とはたとえば、ある保管物品を取り出す際にその保管位置の手前などにある物品を一時的に別の場所に移動させることなどを指す。このような意味のない仮置きを意味する。「荷探し」とはその名の通り、「荷物を探す手間」のことで、「どこに保管物があるのかわからない」という状態である。

平準化のポイント解説は ☞ 87ページ

事例

4-5 保管エリアの作業のムラを解消したい

☆☆

改善前

3段積みのパレットラックに保管しているが、保管スペースが少なく、そのため荷捌きスペースに仮置きの荷物があふれている。

現状と問題点

保管エリアには高頻度出荷品、中低頻度出荷品が区別なく保管されている。また長期滞留在庫、不動在庫もスペースをとっている。フォークリフト荷役が中心となるため、フォークリフトが2台並列で通れるように通路幅も広めにしてあるが、皮肉なことにピーク時には通路が仮置き場となってしまっている。

改善案 パレットラック間の通路幅はフォークリフト1台が通れるくらいに縮小し、そのスペースを活用して、パレットラック列を従来比で50%増とした。また、ABC分析を行い、出荷頻度の高いアイテムを出荷エリアに近いロケーションに移した。不動在庫の多くは別棟に隔離保管とし、順次、廃棄処分とすることにした。

カイゼンの視点：不動在庫の定義

不動在庫と呼ばれる長期滞留在庫などについては、社内で定義をしっかり決めておくと処分しやすい。たとえば、「直近6カ月でまったく出荷のないもの」「機能やデザインが古くなるなど、今後、安定した出荷が見込めないもの」といった具合に決めておくのである。

平準化のポイント解説は ☞ 88ページ

納期遵守率

工場、倉庫で在庫を抱える大きな理由は、リードタイム短縮と在庫量の最小化の両立がむずかしいからである。「ギリギリの在庫にすれば、たしかにオペレーションは楽になるかもしれないが顧客満足を得られない」というのである。そこで納期遵守率（納期内納入件数÷受注件数×100）を指標に在庫量の調整を図ることが必要になる。

出荷頻度別の在庫平準化の方針

現状

- 出荷計画に一貫性がない
- 在庫水準が一定でない
- 在庫量が平準化されてない
- ピーク対応を原則としているためオフピークの作業者数が過剰になっている

対策

- 品目別に出荷量の平準化を推進した
- 低頻度出荷品は「受注発注方式」を導入した
- 段ボール箱を「才」単位で管理し、出荷先別などに作業時間帯を設定した

効果 → **平準化の達成**

- 出荷量の最適化・平準化
- 在庫レベルの平準化
- 作業者数、作業時間の平準化
- 手待ち・荷待ちの解消

欠品許容率

在庫の平準化を実現するためには、ある程度の欠品を許容しなければならないこともあるかもしれない。受注発注方式を導入するにあたって、欠品許容率（許容できる欠品アイテム数÷全アイテム数×100）も設定しておくとよい。在庫削減により保管スペースに余裕ができれば、入出荷作業の円滑化にもつながることになる。

保管工程をスキップ

クロスドッキング方式を採用することで入荷アイテムは即日、出荷することになるので、原則として格納、保管する必要はない。パレット単位の入荷を段ボール箱単位に崩して、出荷先ごとに荷合わせするが、段ボール箱などを開梱することはないので入出荷検品は行わない。

クロスドッキング導入による保管量の平準化

現状

- 入荷量が多いため大ロット品目が山積みされている
- 入荷量と出荷量の落差が大きい

対策

クロスドッキング方式の導入

【メリット】
- 保管効率の向上
- ピーク時の入荷量が増えても、作業効率性も高い

【デメリット】
- 中低頻度出荷品の小口の配送や緊急出荷などの対応がむずかしい
- 納入リードタイムを長めに設定することも多い

- 一部のアイテムは、開梱せずに、そのまま荷合わせして出荷する「クロスドッキング方式」を採用した
- 複数の出荷元からの荷物を取引先ごとに仕分けし、発送するようにした
- 1階部分でクロスドッキング、2階以上で中低頻度出荷品を保管

効果 → **平準化の達成**

- 入出荷作業の平準化
- 倉庫内在庫量の最適化
- 保管効率の向上
- 作業者数、作業時間の平準化

クロスドッキング方式のメリット・デメリット

クロスドッキング方式を導入することで、ピッキング、入出庫作業などにかかる手間と時間を大幅に節約することが可能になる。また、長期保管の必要がなくなるために、在庫アイテムの品質劣化や破損・汚損などのリスクも軽減される。入荷後すぐに出荷する荷物が多いことから在庫データの管理も単純化できる。ただし、導入までには輸送トラックの十分な確保と入念な準備が必要となることも忘れてはならない。

国内在庫の方針

出荷頻度の高い製品については、国内物流センターに保管しても、短期間で取引先に出荷するケースが多いので、海外工場からのダイレクト配送にする。しかし、中低頻度出荷品については、緊急出荷に対応するために国内在庫を持つのがよいだろう。

ドロップシップ方式の導入による保管量の平準化

現状

- 海外貨物の入荷増加で、物流センター内に保管スペースが不足している
- 急ぎのオーダーが入った場合、納入リードタイムが長くなり対応できないケースがある

対策

ドロップシップ方式の導入

- 高頻度出荷品の輸入について、ドロップシップ方式を導入した
- 中低頻度出荷品については、緊急出荷に対応するために国内在庫を維持
- 検品は海外工場で出荷前のみとし、検品作業の負担軽減を実現

効果 → **平準化の達成**

- 入荷量の大幅な削減と平準化
- 倉庫内在庫量の最適化
- 保管効率の向上
- 作業者数、作業時間の平準化

巨視的な効果としては、キャッシュフローの最適化、物流拠点の簡素化、サプライチェーンにおけるさまざまな重複の解消などがあげられる

商物分離

ドロップシップ方式を推進するためには商流はネット上で、物流は直送で行う「商物分離」を推進していく必要がある。

たとえば、ネット上で在庫情報が確認できて、発注、決済まで済ませることができれば、その一方で工場から取引先までスムーズにダイレクトに製品を配送できるのである。

ラック（棚）の活用

平準化のツールとしてラックは欠かせない。上手に使うことで保管のムラをなくすことができる。工場倉庫、物流センターなどの天井高を5.5〜6mと考えた場合、平屋倉庫の場合は固定ラックにパレットで4段積み、多層階倉庫の場合は3段積みが効率的である。

荷繰り、荷探しの解消に保管の平準化

現状

- 保管スペースに物品が入りきらず、通路に仮置きしているが荷繰り、荷探しが多い
- 先入れ先出し法を実践するためには作業にムダな動きが発生してしまう

対策

固定ラックの追加導入

- 3定（定位・定品・定量）を徹底させた
- 固定ラックには品目表示を導入
- 保管物品の棚板には最大量と最小量、最適量などを明示した

効果 → 平準化の達成

- 保管スペースの平準化
- 先入れ先出し法の円滑化
- 保管効率の向上
- 作業者数、作業時間の平準化とコスト削減

ヒント

廃棄処分・廃番処理

荷繰り、荷探しを減らし倉庫内在庫レベルの平準化を進めるうえで長期滞留在庫、不動在庫の処分も適時、行いたい。保管スペースを効率よく使うためには必要不可欠な取り組みである。不動在庫などを長期間、放置することで「棚卸資産の増加で間接的な税負担が増える」というデメリットもある。不良品、破損品、スクラップなどはもとより、需要のない長期保管品も処分する。ABC分析や在庫回転率などを踏まえた撤退ルールを定めて廃棄処分・廃番処理を行うようにする。

出荷頻度ごとの管理

保管効率の向上を図ることで、取扱アイテムごとの入出荷作業時間のバラツキやピッキング・仕分けにおける作業時間のバラツキを解消することが可能になる。ABC分析を行い、出荷頻度に合わせて保管アイテムを管理することで作業のムラをより小さくできる。

倉庫内レイアウトの最適化によるラック列の増加

現状

固定ラックを追加導入したい

- 物品が増えて保管スペースが狭くなっている。固定ラックを追加導入したい
- 保管エリアには高頻度出荷品、中低頻度出荷品が区別なく保管されている
- 長期滞留在庫、不動在庫がスペースをとっている
- 通路幅を広めにしてあるが、ピーク時には通路が仮置き場となっている

対策

倉庫内レイアウトの改善

- 通路幅を縮小し、ラック列を増やした
- 出荷頻度の高いアイテムを出荷エリアに近いロケーションへ移動させた
- 不動在庫を順次、廃棄処分とし、保管スペースを確保

効果 → **平準化の達成**

- 保管効率の向上
- 倉庫内作業の効率化
- 先入れ先出し法の実施の円滑化
- 在庫取扱量の平準化

保管ラックの間口

通路幅の変更の他にラックの間口数を調整したり、ラックの高さを変えたりすることで保管効率は向上する。「ピース単位、ケース単位でどれくらいの間口が必要なのか」「本当にこの間口数でよいのか」という点に気を配り見直すことによって、間口数を調整することが可能になる。それぞれの間口の高さについても同じようにチェックする必要がある。

物流量と作業量の平準化

事例

5-1 作業区分間のムラが大きい

☆☆

改善前 **取引先工場から配送されてくる荷物を入荷バースから運搬し、開梱、検品を経て、保管エリアに格納している。しかし荷物の開梱、入荷予定伝票と現物との突き合わせによる検品に時間がかかっている。**

? 現状と問題点

運搬、開梱、検品、格納・保管の4作業区分のそれぞれの作業時間を調べてみたところ、開梱、検品にかかる時間が全作業時間の65%を占めていることがわかった。開梱、検品がボトルネック作業となっていることがわかったので、なんとか4作業区分にかかる時間を平準化したい。

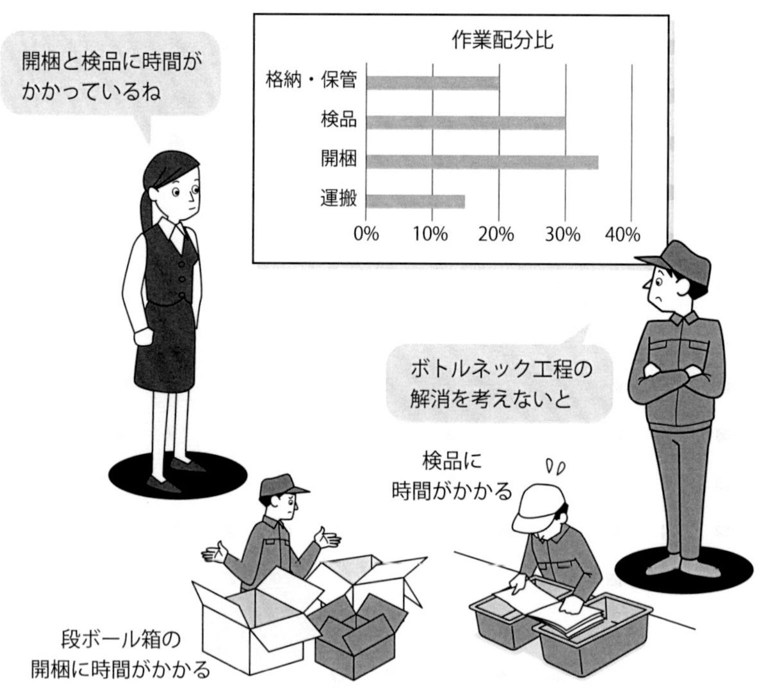

改善案

開梱後、製品に印字されているバーコードを読み取り、検品をしていたことから作業時間がかかっていた。そこでケースにバーコートを記載する方式に順次、変更することにした。またケースにバーコード記載がむずかしい製品については、段ボール箱などでの納入から開梱が容易な折り畳みコンテナに切り替えることにした。

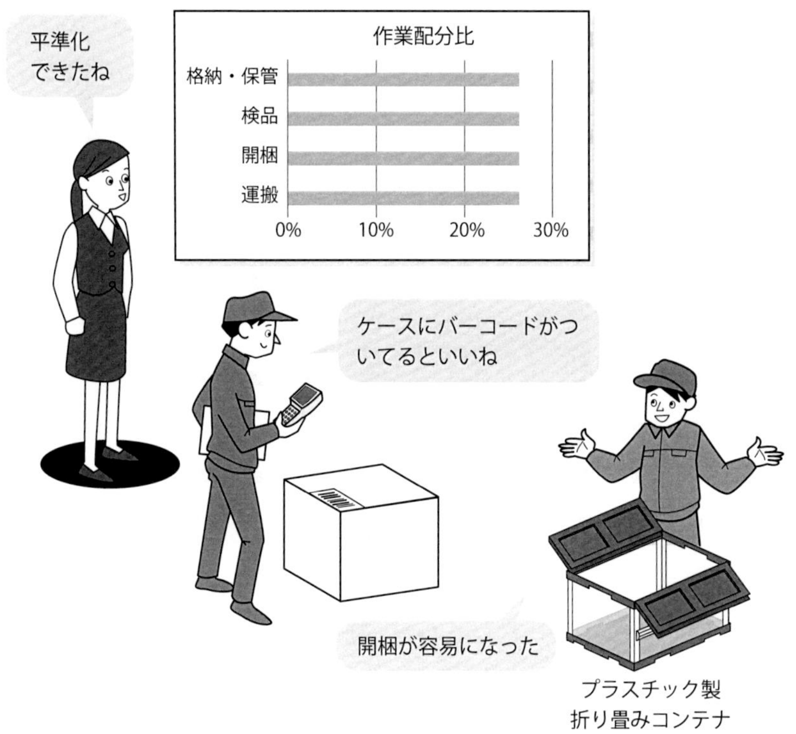

カイゼンの視点：工数比率のチェック

作業工程別の工数比率をチェックすることで、どの作業がボトルネック工程となっているのかを知ることができる。とくに、運搬や仮置き、歩行、確認などに時間がかかっているようならば、カイゼンの余地が十分にあるのではないかと当たりをつけることも大切である。

平準化のポイント解説は ☞ 100ページ

事例

5-2 週末がピークの納入量を軽減したい

☆☆☆

改善前

小売店舗への納入は、週末が来客のピークとなることから、週末直前の午前中の納入を義務づけられている。しかし、納入店舗数、納入量ともに多くなり対応に苦慮している。

? 現状と問題点

小売店舗では週末に商品が売れるので、週のはじめにも商品を補充する必要があるが、その結果、週半ばのたとえば水曜日、木曜日には運送会社のトラックが余り気味になる。納入日が月曜日、金曜日に集中する傾向があり、ピーク、オフピークの曜日差が激しいのでなんとか平準化したい。

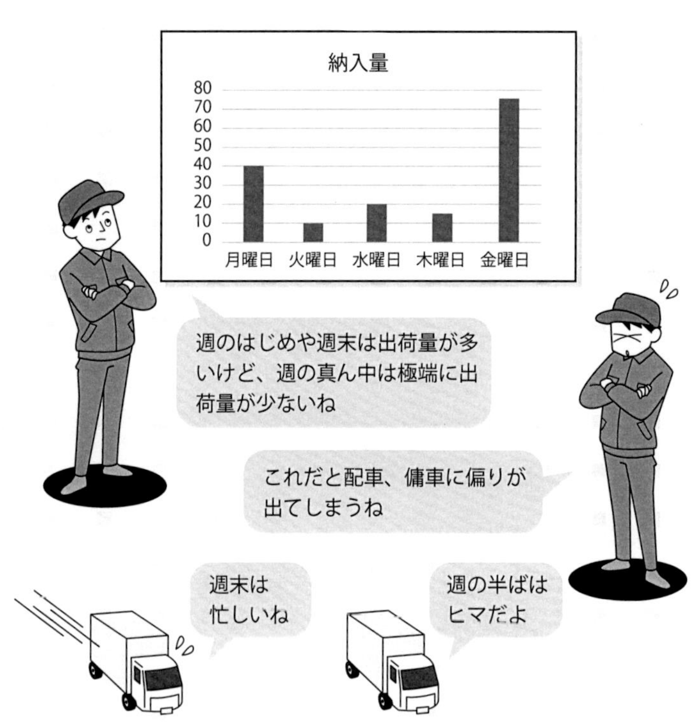

改善案

店舗側（小売業）やトラック運送会社と話し合い、火曜日、水曜日、木曜日などのオフピーク時の納入は割安に配送を行えるようにした。他方、店舗側は、オフピーク時に入荷した商品の売上を伸ばすために、夕方以降にタイムセールなどを設定した。営業時間も1時間延長して、集客を行うことにした。

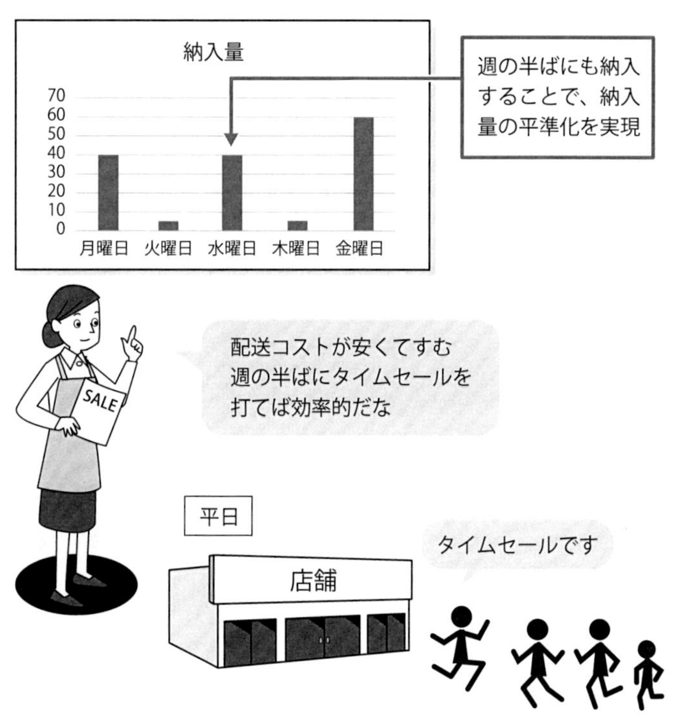

カイゼンの視点：需要予測の共同化

小売業側がセールを打つ際に、物流センター側になんの連絡もないと「急に出荷依頼が増えたものの理由がわからない」ということになる。小売業の販売促進や宣伝・広報が出荷量の増減に大きく影響することは多い。需要予測の共同化という視点から可能な限り情報を共有することで平準化の実現も可能になる。

平準化のポイント解説は ☞ 101ページ

事例

5-3 流通（物流）加工の作業プロセスを平準化☆☆☆

改善前

パーツセンターの流通（物流）加工で箱詰め作業をしているが、物品の運搬、ケース入れ、検品、段ボール箱詰めについて、それぞれ作業者と作業スペースを設けて取り組んでいる。しかし、作業に時間がかかり、残業となることも少なくない。

? 現状と問題点

出荷依頼を受けて、保管エリアから物品を手運搬している。ケースはサイズ数が多いので作業者が物品の量を見定めて、どの大きさのケースに入れるか判断している。検品については1人が検品したあとに、もう1人が同じ手順でチェックするやり方で必ず2人で行うことにしている。

改善案 作業時間の短縮を図るために各作業区分の効率性を見直した。箱詰め作業を保管エリアの近くで行うことにして運搬時間を短縮した。ケースのサイズ数を絞り、物品数に応じてケースの大きさをあらかじめ指定することにした。また検品は1人、あるいは2人1組で指差呼称で同時確認する方式に変更した。

カイゼンの視点：セル生産方式のレイアウト

物流倉庫における流通（物流）加工の場合、ライン方式で直列のI字型のレイアウトにすると、ボトルネック工程がある場合、作業時間が長くなることになる。セル生産方式のU字型のレイアウトを採用して、作業者には多能工として一連のプロセスを1人で行ってもらうのが効率アップにつながる。ただし、セル生産方式の場合、作業者がマイペースになりやすいという欠点もある。

平準化のポイント解説は ☞ 102ページ

5-4 出荷要請・出荷指示のルール化

☆☆

出荷要請・出荷指示のバラツキが大きく、工場倉庫の現場が長時間残業に悩まされている。ピーク時には保管、仮置きスペースも大幅に不足している。

現状と問題点

営業部門が多めに発注したり、追加発注したりすることが多く、物流部門はその後処理的な対応に追われている面がある。また発注、出荷依頼が月末に集中する傾向もある。営業から取引先への納入について、早朝に時間指定が入り、出荷があわただしくなることも少なくない。

改善案 営業部門と話し合いを行い、日次レベルの発注締切時刻を決めて、緊急出荷などの予定外の波動が発生しないように対策を打った。また月末に集中する出荷依頼は「月に数回の発注」に切り替えるように要請した。

カイゼンの視点：緊急出荷の回避

定期便や混載便に集荷時刻に間に合わなかった荷物は、別便により出荷されることになる。こうした緊急出荷、緊急配送は平準化の大きな妨げとなる。緊急出荷が多ければ、工場や物流センターはその対応に追われ、残業も必然的に増えることになる。

平準化のポイント解説は ☞ 103ページ

事例

5-5 ピッキング作業量の平準化

☆☆

改善前

取引先からの発注に応じて部品を出荷しているが、作業者は保管ラック通路をカートを押しながら歩行してピッキングリストに沿って作業をしている。いわゆる摘み取り式ピッキングシステムを採用している。

? 現状と問題点

部品をピッキングしてすぐに梱包作業に入れることから摘み取り式を採用したが、出荷先が多いので動線も複雑になり、ピッキング作業にどうしても時間がかかってしまう。またピッキングリスト通りに作業できないこともある。倉庫内の移動距離も長くなっている。

出荷先が多いことを踏まえて、種まき式に変更した。荷捌きスペースに取引先別のカゴ台車を並べて、部品・部材ごとに仕分けしていく方式とした。作業者はまとめてピッキングすることができるのでエリア間を何度も往復する必要がなくなり、移動距離を短縮することが可能になった。

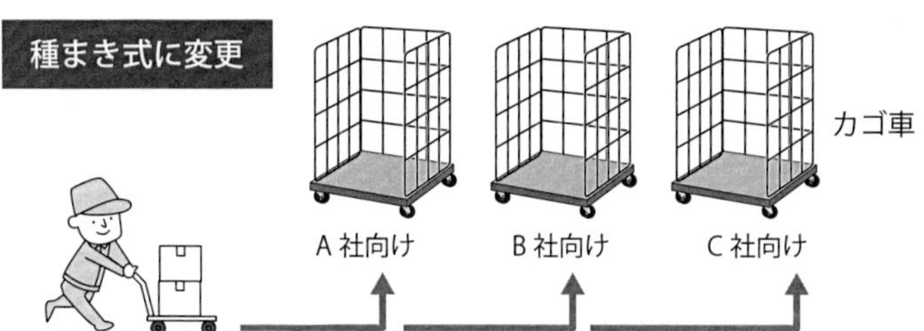

カゴ車でまとめて仕分けするかたちになるから移動距離も短縮できるね

出荷先が多い場合は種まき式が適しているね

ピッキングの方式を決めるときには、出荷アイテムの特性を分析しておく必要があるね

 カイゼンの視点：出荷アイテムの特性分析

ピッキング方法として、摘み取り式か、種まき式かの選択の判断がむずかしい場合がある。その場合、「高頻度出荷品がどれくらい行先単位で重複しているか」を見るのも一策である。少品種で重複アイテムが多ければ種まき式が向いている可能性が高い。また摘み取り式はネット通販など、多品種少量で不特定多数の出荷先を対象としている場合に向いている。

平準化のポイント解説は ☞ 104ページ

工程分析による検討

一連の作業工程の手順を整理し、それぞれの作業区分の所要時間や工数比率を割り出して、その中からボトルネック工程を探し出すことを「工程分析」という。ボトルネック工程にどのようなロス時間があるかを発見するようにする。関連する一連の作業にかかる時間と比較して平準化を進めるのである。

バーコードを便利に活用

現状

- 荷物の開梱、入荷予定伝票と現物との突き合わせによる検品に時間がかかっている
- 入荷から格納・保管までの一連の作業プロセスを平準化したい

- 一連の作業工程の手順を整理し、それぞれの作業区分の所要時間や工数比率を割り出す
- 作業工程別の工数比率をチェックしてボトルネック工程を探し出す

対策

作業工程分析

- 開梱後の製品に印字されているバーコードの読み取り検品から、ケースにバーコートを記載する方式に順次、変更する
- ケースにバーコード記載がむずかしい製品については、開梱が容易な折り畳みコンテナによる納入に切り替えた

効果 → **平準化の達成**

- 作業量の平準化
- 開梱作業の簡略化
- 検品作業の簡略化
- 作業者数、作業時間の平準化

山積み表と山崩し

工数比率のバラツキを見るのに「山積み表（リソースヒストグラム）」を活用するのも一策である。山積み表では横軸に時間、縦軸に作業者数の数量などを積み上げてヒストグラムを作成する。ちなみに山積み表をもとにボトルネック工程により出来上がったピーク部分を切り崩して平準化のイメージを作り上げることを「山崩し」と呼んでいる。

共同化の検討

入出荷量、納入量などの増減は取引先（発荷主、着荷主）の都合などに左右されることも多い。物流共同化や業務提携などにより解決できる課題も少なくない。パレットなどの物流容器の共同利用や同一方面への共同輸送などを行うことで輸送ロットを調整することもできる。

納入量の平準化

現状

- 小売店舗へは週末直前の午前中の納入を義務づけられているが、納入店舗数、納入量ともに多くなる
- 週半ばは運送会社のトラックが余り気味になり、ピーク、オフピークの曜日差が激しい

対策

- 店舗側（小売業）、トラック運送会社と話し合い、オフピーク時の納入は割安に配送を行えるようにした
- 店舗側はオフピーク時に入荷した商品の売上を伸ばすために夕方以降にタイムセールなどを設定した。営業時間も1時間延長した

効果 → **平準化の達成**

- 納入量の最適化・平準化
- 店頭在庫の平準化
- 運送コストの低減
- 売上高の曜日変動の解消

配車・傭車計画

トラックの積載率についても80%を目標に平準化しておきたい。出荷先や出荷量が日次レベルで大きく変化することがある。需要の変化や新規取引先などの状況を見ながら、配送ルートは固定せず、曜日別などに配送ルートを見直す必要がある。また小口の取引先については、その都度納入する方式から定期納入方式への検討が望ましい。

ポイント：5-3　流通（物流）加工の作業プロセスを平準化 ☆☆☆

手作業・手荷役の削減

一連の作業プロセスにおいて、作業者数が多いとそれだけボトルネック工程が発生するリスクが出てくる。また手作業が多ければ、作業時間にバラツキが出てくる可能性も高くなる。「本当に分担しなければならない作業なのか」「この作業は1人でできないか」などということを常に考える必要がある。

流通（物流）加工（箱詰め）作業時間の平準化

現状

- 段ボール箱詰めの流通（物流）加工に時間がかかる
- 保管エリアから物品を手運搬している
- ケースのサイズ数が多い
- 作業者が物品の量をチェックして、箱詰めケースを選択している
- 二重検品が原則である

対策

- 各作業区分の効率性をカイゼンした
- 箱詰め作業を保管エリアの付近で実施した
- ケースのサイズ数を絞り、ケースの選定基準を設定した
- 2人1組の指差呼称で同時確認する方式を導入

- 箱詰め作業工程時間の平準化・効率化
- 運搬時間の短縮
- 検品時間の短縮

U字ラインによる作業

U字ラインのレイアウトでは入り口に流通（物流）加工前の物品、出口に流通（物流）加工後の物品のそれぞれのスペースを確保する。原則、右回りとして、歩行距離の短縮を念頭に1ラインで複数工程を担当できるように全体を調整する。U字ライン幅は1～1.2m程度とする。作業台の高さは1m前後が一般的である。作業がマイペースにならないように時間ごとの目標作業量などを設定しておくとよい。

ピークの解消

営業の発注の波動が月末に集中する場合、工場、物流センターからの出荷も月末に大きく増える。しかし、月末集中を容認すれば、物流サイドはピーク時の作業者やスペースの確保を余儀なくされる。月末に発注が集中する場合などは、月初や月中にも分散させることを営業サイドに提案することが望ましい。

出荷要請・出荷指示のルール化による平準化

現状

- 出荷要請・出荷指示のバラツキが大きい
- 長時間残業に悩まされている
- 営業部門が多めに発注したり、追加発注したりすることが多い
- 発注、出荷依頼が月末に集中する

対策

- **発注締切時刻を設定**
- **月末に集中する出荷依頼は、「月に数回の発注」に切り替える**
- **別便での発送が必要となる出荷は可能な限り回避する**

- 発注・出荷指示の平準化
- 発注量の平準化
- 作業時間の短縮・平準化
- 緊急出荷などの解消

緊急出荷におけるミスのない対応

緊急出荷が発生した際には、迅速に対応することで他の作業へのしわ寄せを避ける工夫も重要である。伝票と異なった物品を出荷しないように伝票の確認を徹底させる必要もあるが、たとえば、送り状と納品書を入れ間違わないように一体型伝票を採用しておけば、出荷処理が迅速かつ正確に行える。ピッキングリストも、送り状や納品書と同時に印刷できればさらに効率はよくなる。

ポイント：5-5　ピッキング作業量の平準化 

ピッキング効率

ピッキングの平準化を進めるにあたっては、作業者当たりのピッキング効率（ピッキング行数／時間×100）を把握しておくことが重要になる。各作業者の日次当たりのピッキング総行数を記録しておき、作業者間のバラツキ具合を把握して、平準化に向けての課題を抽出するのである。

摘み取り式から種まき式への変更による平準化

現状

摘み取り式ピッキング

- 作業者は保管ラック通路を歩行してピッキングリストに沿って作業をしている
- 動線が複雑で倉庫内の移動距離も長くなっている
- ピッキングリスト通りに作業できないこともある

対策

種まき式ピッキング

高頻度出荷品がどれくらい行先単位で重複しているかなどをチェックし、種まき式導入のメリットを確認

- 荷捌きスペースに取引先別のカゴ車を並べて、部品・部材ごとに仕分けする
- 移動距離の短縮にあわせて動線を簡略化する

効果 → **平準化の達成**

- ピッキング作業の平準化
- 誤ピッキング、誤出荷の減少
- ピッキング効率の向上
- 作業者数、作業時間の平準化とコスト削減

マルチピッキングの検討

複数の受注をまとめてピッキングし、あわせて仕分け作業も行うピッキング方式を「マルチピッキング」と呼んでいる。受注単位で段ボール箱を用意し、複数の段ボール箱をカートに載せてピッキングしていくやり方である。一度のピッキング歩行で段ボール箱仕分けまで完成させてしまうので作業効率性が高い。摘み取り式のようにピッキングエリアを何度も行き来して、移動距離が長くなることも解消される。

平準化に必要なKPI

事例

6-1 KPIから平準化を実現

☆☆☆

トラックの定期便で積載率（積載トン数÷積載可能トン数×100）にバラツキがあるので積載率の向上を図り、あわせて便ごとの積載率のバラツキをカイゼンし、平準化を進めたい。

? 現状と問題点

ドロップシップ方式を採用し、工場からの直送で納入しているが、出荷先が遠方であるにもかかわらず、多頻度小口納入が多くなっている。またトラックの積載率が便ごとに大きく異なる。日次レベルの出荷量の変化が大きい顧客もある。さらに新規顧客が増えている反面、取引量が少なくなってきた顧客も見られる。

改善案 これまでの配送ルートを見直し、とくに遠方への出荷は、ドロップシップ方式からターミナル方式に変更した。トラックターミナルまで大型トラックで貨物を運び、ターミナルで仕分けして、小型トラックで納入するという方式に切り替えた。

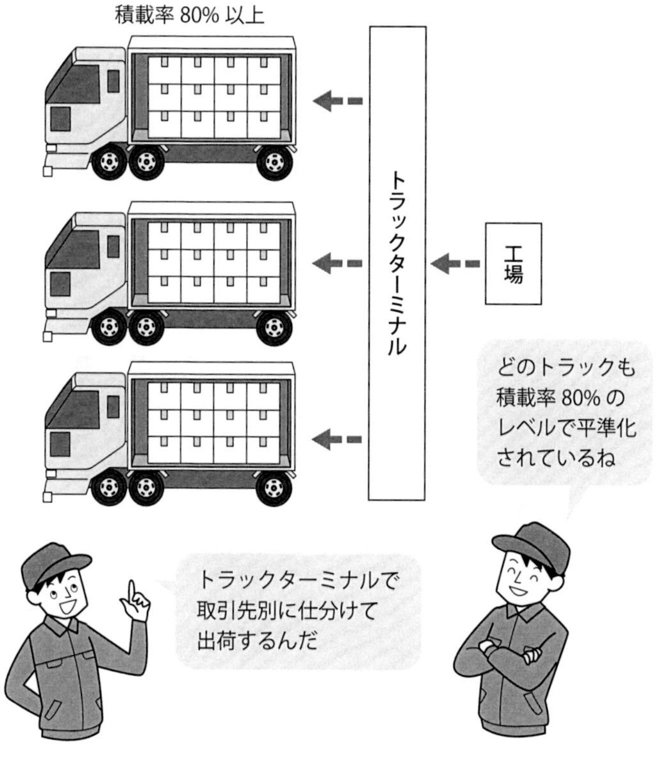

カイゼンの視点：トラックターミナル

不特定多数の運送事業者が利用する一般トラックターミナルと、運送事業者が自社の使用のために設置する専用トラックターミナルに分けられる。配送センターとして保管貨物の一時保管や流通加工を行うほかに、荷捌き場として、出荷先ごとに仕分けして積替える機能や小口貨物をロット貨物に取りまとめる機能がある。

平準化のポイント解説は ☞ 116ページ

事例

6-2 トラック実働率（稼働率）の向上

☆☆

改善前

遠隔地域へのピストン輸送を行っている。積込み、積卸し、荷捌きなどの作業時間がボトルネック工程となって、トラック実働率（運行時間÷運行可能時間×100）が低い。積込み、積卸し工程を見直すことで平準化を実現したい。

? 現状と問題点

段ボール箱単位で荷台に積み込んでいるために、積込み、積卸しに時間がかかる。また重量品の積卸しも多く、作業を2人1組で行う必要が出てくることも少なくない。また積込みを終えても納品伝票の発行などに時間がかかるので、トラックはその間、待機しなければならない。

改善案 段ボール箱単位からパレット単位、カゴ車単位に入出荷トラックの取扱ユニットを切り替えた。重量物の積卸しにはテーブルリフトやパワーゲートを活用することにした。

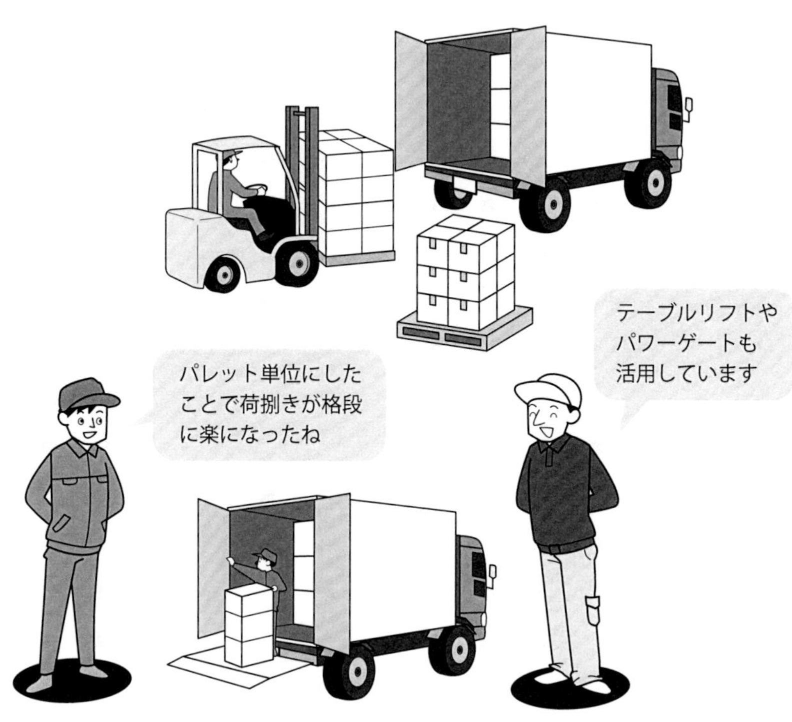

カイゼンの視点：トラック実働率（稼働率）

トラックの日次運行可能時間が8時間で、1往復に2時間かかる場合、積込み、積卸しなどに総計3時間かかるならば、1往復しかできない（2往復するには運行可能時間が3時間不足）。しかし、積込み、積卸しなどの時間を1往復当たり総計2時間に減らすことができれば、2往復が可能になる。積込み、積卸しなどのボトルネック工程を平準化することでトラック実働率を上げることができる。

平準化のポイント解説は ☞ 117ページ

事例

6-3 保管効率の向上を目指した平準化

☆☆

改善前

近年の傾向として受注が多品種小口化しているので工場倉庫の保管スペースが大幅に不足している。保管効率を向上させて現状のスペースでなんとか当面はやりくりしたい。

現状と問題点

保管スペース不足は明らかだが、同時にスペースの使用効率が悪く、保管効率（現状の保管物量÷限界保管量×100）が低い。廃番製品が放置されているなど、不必要な在庫で保管スペースが埋まっている。また生産工程間の仕掛在庫量も多い。

改善案 仕掛在庫を少なくするために、生産工程のいくつかをまとめて1工程とした。また、入荷量について調達部内と連携をとり、週1回の大ロットの納品を週3回に分けて、小口の納品に切り替えてもらうことで常備在庫を削減し、保管スペースを確保した。また、現物管理を徹底して滞留在庫（不動在庫）についての廃棄基準を決めて管理することにした。あわせて可動式ラックも導入した。

 カイゼンの視点：保管効率と平準化

「保管スペースが少ない」「保管効率が低い」という場合には物流量の平準化が達成されていないケースが多い。入荷量を調整したり、生産工程を統合してボトルネック工程を解消したりすることで過剰となっている在庫量を適正化、平準化し、その相乗作用として保管効率を向上させることが可能になる。

平準化のポイント解説は ☞ 118ページ

事例

6-4 スペースロス率のカイゼンによる平準化 ☆☆☆

改善前

保管ラックの間口に「歯抜け」といわれるスペースロスが目立つ。間口変更などを行い、スペースロス率（ロススペース÷保管スペース全体×100）を下げて、間口稼働率（使用間口数÷全間口数×100）を高いレベルで平準化したい。

? 現状と問題点

保管スペースが不足しており、空スペース確保のために保管品のロケーション変更を頻繁に行っている。保管ラックの間口の中に使われていないものが散見する「歯抜け」状態が発生している。製品の保管サイズに合わせて間口が作られていない。なお、作業効率を考慮してラックの高さは低く抑えてある。

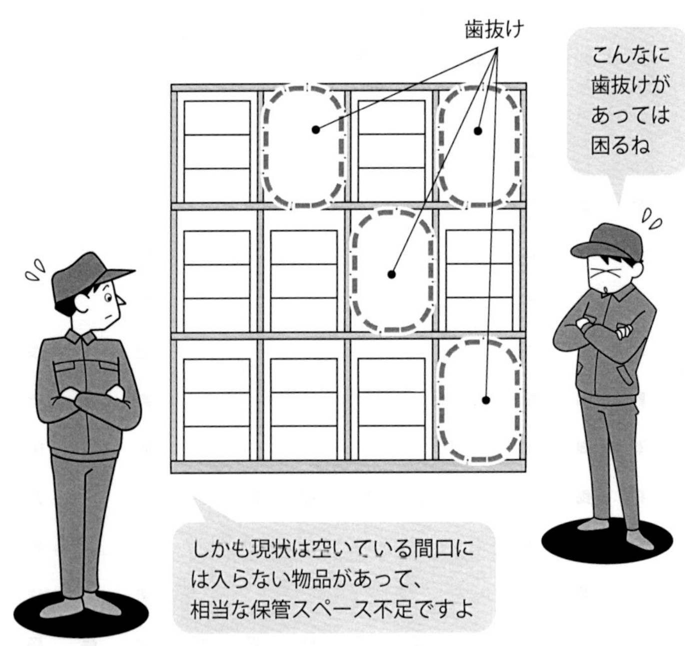

改善案 **スペースロス率を抑えるために物品の保管サイズに合わせて間口の幅や高さを変更した。ラックの高さは4段積みとして「高さロス」の発生を抑えた。また、歯抜けを防ぐために、出荷頻度の低い物品には、フリーロケーションを導入した。**

 カイゼンの視点：歯抜けなどのスペースロスの発生の原因

スペースロスが発生する原因としては、ダース単位などで保管してある固定ロケーションの間口からピース単位などで少量ずつ出庫し、その結果、端数となった物品が残り、大きなスペースロスを生むといったケースが考えられる。その物品以外の保管に使わない限り、スペースロスが続くことになる。

平準化のポイント解説は ☞ 119ページ

事例

6-5 返品率の最小化を目指した平準化

出荷に対する返品率が20％を超えており、その返品が入荷作業時間、保管スペースの活用などの平準化の妨げとなっている。

現状と問題点

月末などの営業部門の押し込みの反動で翌月、戻ってくる返品が多い。誤出荷による返品や出荷検品ミスによる破損、汚損品などの返品もある。また営業部門の判断で取引先の販売実績を上回る過剰出荷が行われていることもある。返品にかかる運賃は出荷元払いであることからトラック運賃の負担も大きくなっている。

改善案 返品率について目標値を設定してもらうように営業部門と話し合い、販売実績を超える過剰出荷は極力回避するようにした。また押し込み販売が発生しないように、販売戦略についても平準化を念頭に再構築を依頼した。

 カイゼンの視点：返品に関する ABC 分析

返品率が高いアイテム群や店舗、取引先などについてはABC分析を行い、迅速な対応ができるようにしておく。出荷頻度別の返品率をチェックし、分析しておく。なお、新製品については返品が多くなる傾向があるので、出荷時点から十分に注意して過剰出荷のリスクがないかを検討しておくとよい。

平準化のポイント解説は ☞ 120ページ

平均積載率に着目

各便のトラックの積載率を調査し、その平均である平均積載率（輸送トンキロ÷能力トンキロ×100）を求める。そのうえで、平均積載率よりも低い積載率の便がどれくらいあるのかをチェックし、平準化を行う。なお、一般的には80%前後の積載率が物流効率化の視点からは望ましいとされている。

積載率をベンチマークとした平準化

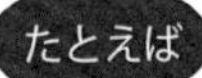

出荷トラックの積載量・積載率を調査、分析

どのトラック便がボトルネックとなっているか、平均的な積載率は現状ではどれくらいかを把握する

改善目標値

現状値：現状下でのトラック各便の積載率
目標値：現状下でのトラック各便の平均積載率
理想値：積載率 80%

積載率が著しく低いボトルネックとなっているトラック便については、平均積載率を当面の目標値とする。平均積載率をクリアしているトラック便についてはより高い目標値を設定する

たとえば

トラック各便の積載率を平準化

- トラックターミナルの活用による仕分け・小口配送
- ルートの積み合わせの再検討
- 多頻度小口納入の見直し・小口出荷先への定期大ロット納入の提案

配送計画の確認

取引先の1日の出荷量が大きく変化する場合は、トラック便ごとに出荷方面単位などで配送順などを見直す必要がある。また大型トラックの活用に際しては、道路幅、道路状況、出荷先の駐車スペースなども考慮する必要がある。帰り荷についても、たとえば自社工場への配送予定品を引き取るという方策もある。

荷捌き時間などのムラの解消

トラック実働率を念頭に荷捌き時間などの短縮化を進める。まず、トラック実働率を念頭に積込み、積卸し、荷捌き時間のムリ、ムダ、ムラを検証し、ボトルネック工程を探し出す。次にボトルネック工程における作業時間短縮や効率化の方策を検討する。そしてボトルネック工程を見直すことでトラック実働率が向上し、平準化が達成されることを確認する。

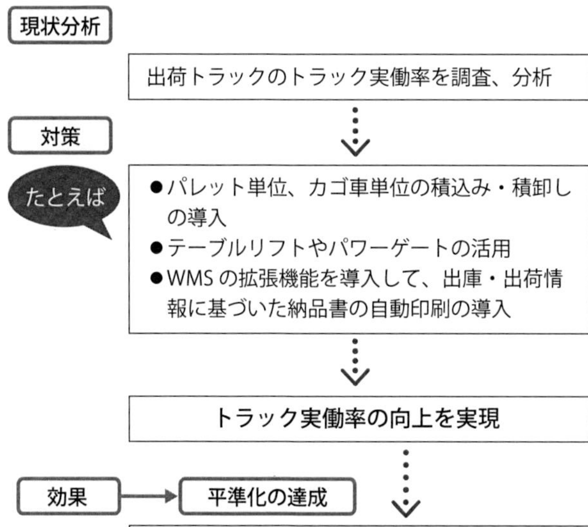

配送効率（単位配送時間）

トラック実働率に加えて、複数の納入先を巡回する場合などは配送効率（配送行為総時間÷配送件数）を把握しておくとよい。配送効率が悪いということは、配送先での積込み、積卸し、検収などの庭先作業時間（納品付帯時間）がボトルネック工程となっている可能性が高いことを意味する。その場合、納入先と協力して積卸しなどの効率化を検討していく必要がある。

平準化のベンチマークとしての保管効率

物流現場の保管効率を調べて、カイゼンの目標となる数値を設定したうえで、平準化対策を実施する。具体的には①入荷量の調整、②廃棄基準の設定、③仕掛在庫の削減を念頭に入れた生産工程の統合、④保管スペースを確保するための可動式ラックの導入、である。

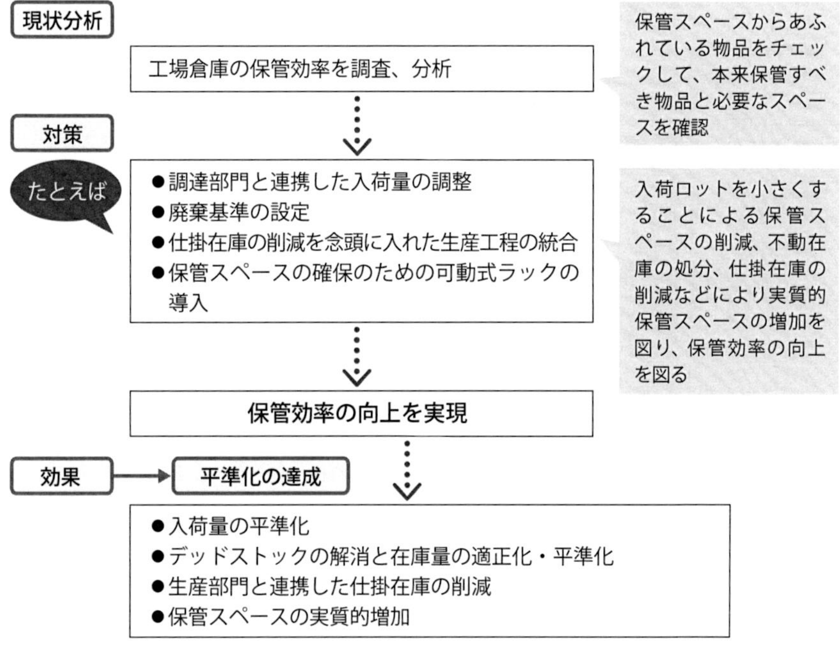

可動式ラックの導入

高積み、平積みから固定式ラックに切り替えることで保管効率を向上させることが可能になるが、さらに保管効率の向上を図りたいならば、可動式ラック（レール移動式ラック）の導入が効果的である。可動式ラックを導入すれば、保管効率は大きく向上する。ただし、高頻度出荷品ではなく、低頻度出荷品やデッドストックなどの保管に使われることが多い。

ベンチマークとしての保管系KPIの活用

保管系KPIであるラックの間口稼働率やスペースロス率を調べて、カイゼンの目標となる数値を設定したうえで、平準化対策を実施する。具体的には、①物品にあった間口サイズへの変更、②高さロスの解消を目的にラック高の調整、③フリーロケーションの一部導入、といった手順になる。

間口稼働率とスペースロス率に着目した平準化

現状分析

保管ラックなどのスペースロス率などを調査、分析

稼働率の低い間口は、サイズの変更などを行うことを念頭に置き、間口稼働率、スペースロス率を調べる

改善目標値

現状値：現状の保管ラックのスペースロス率
目標値（目安）：スペースロス率 25%以下、
高さロス率 10 ～ 15%以下

※目標値は実務によって異なる

間口数については高さ、幅などを物品の特性を踏まえながら変更する。目標値を設定してカイゼンを進める

改善案

たとえば

- 物品にあった間口サイズへの変更
- ラック高の調整
- フリーロケーションの一部導入

効果 → **平準化の達成**

- 間口ロス、高さロスなどの解消による保管の平準化
- 作業環境のカイゼンによるボトルネック工程の解消

フリーロケーション導入の留意点

一般にフリーロケーションは、固定ロケーションに比べて20%ほど保管効率が向上するといわれている。ただし、同一アイテムを分散保管しなければならないこともあるので、その場合にはしっかりとした紐付けが必要になる。

なお、棚コード化を行う場合、「通路、段、間口」（ロケーション番号）ごとにアルファベットと数字でコードを設定する。

返品処理の平準化

返品処理についてもボトルネック工程とならないように段取りを整理しておく必要がある。一例をあげると、返品伝票との照合、アイテムの汚損・破損などの確認、値札の取り外し、包装のやり直し、再出荷に向けての在庫システムへの登録、再格納・保管などの作業が考えられる。仮置きスペースに放置して後日、バッチ処理で対応するのは避けたほうがよいだろう。

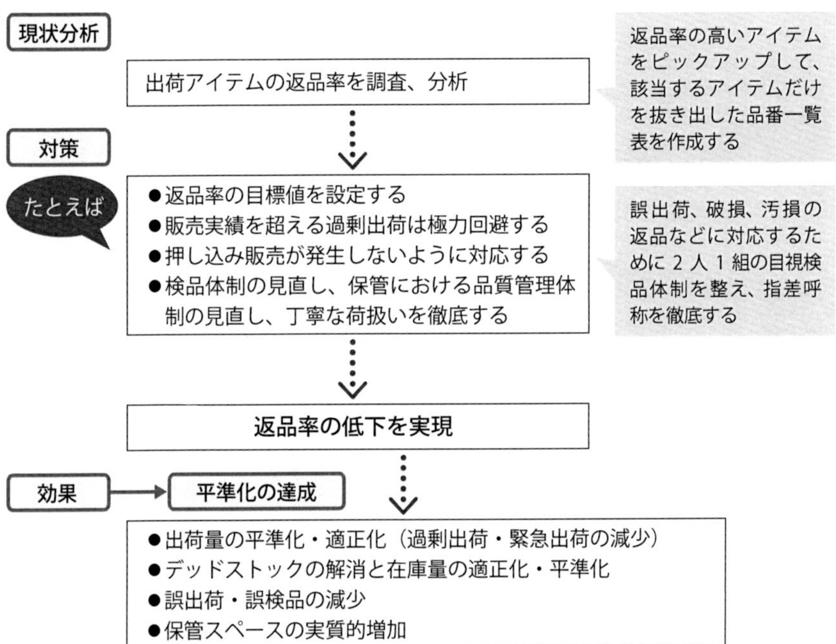

欠品率

返品が多くなる原因の1つである過剰出荷は、欠品に対する極度の警戒から発生することが多い。そこで返品率とともに欠品率（欠品発生件数÷総受注件数×100）についてもチェックするようにしておきたい。欠品率を0%とするのではなく、一般に5%程度の欠品率は許容されることも少なくないので、どれくらいの欠品率までが許容範囲かを社内で話し合っておくことが望ましい。

第7章 平準化から標準化へ

事例

7-1 ムラの解消で作業工程を標準化したい

☆☆☆

改善前 ピッキング作業の効率が作業者によって異なる。ピッキング作業者の熟練度の差により作業時間にムラが発生している。

現状と問題点

ピッキングの作業区分をストックロケーションの確認、歩行、棚からのピック、アイテムの確認に分けてワークサンプリングを行い分析したところ、非熟練者の場合、ストックロケーションの確認に多くの時間が割かれていることがわかった。ピッキングミスが多い非熟練者もいる。

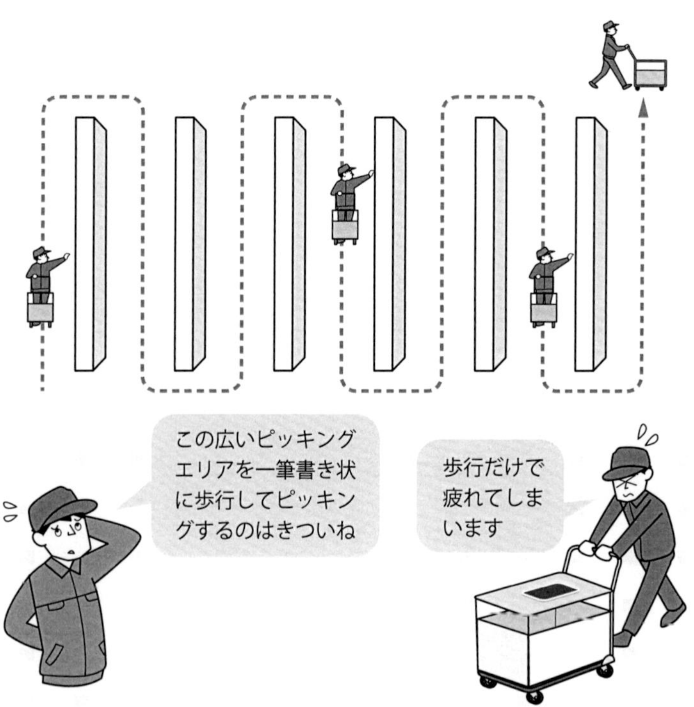

改善案 ピッキング作業の標準化を前提に保管アイテムのロケーション区分の簡略化を行い、品番順の棚配置を原則としつつ、方面別、顧客群別に倉庫内レイアウトと作業動線を組み直し、ピッキングリストに反映させた。また非熟練者がピッキング作業工程の流れを把握しやすいように作業手順書を作成した。

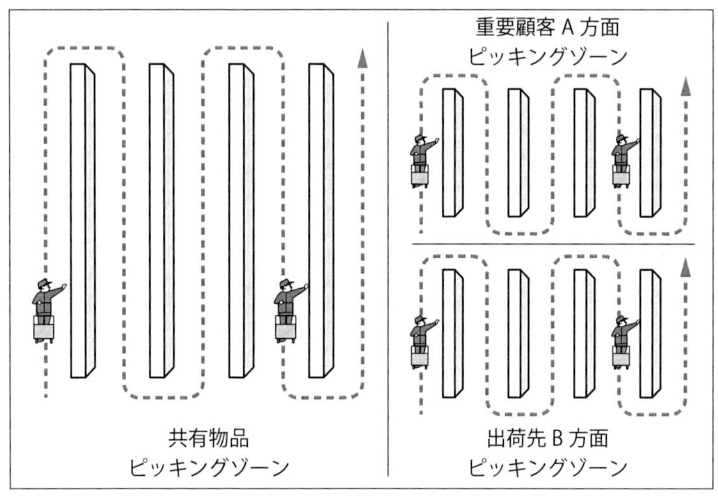

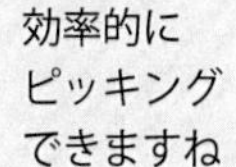

カイゼンの視点：ピッキングエリアのレイアウト

ピッキング通路は一筆書き状が基本で、一方通行にすることで歩行中の作業者が衝突したり、渋滞に巻き込まれたりすることを避けることができるが、広い倉庫内全体を一方通行にすると作業者は必要なアイテムを探し出すのに時間がかかったり、歩行に時間がかかりすぎたりする。そこで、方面別、顧客群別など、いくつかセグメントを分けることで効率化を図る。

平準化のポイント解説は ☞ 132ページ

事例

7-2 検品作業の精度のバラツキを解消

☆☆☆

改善前 入荷された使用済み製品の検品を行い、物流センター内で修繕して、リユース商品として再出荷・販売ができるかどうかを判断している。だが作業者によって、判断の基準が異なる。

? 現状と問題点

使用済み製品の全体を目視して、汚損、破損などがないかを検品して問題がなければ、リユース品として再出荷し、販売していくことになる。しかし作業者ごとの検品手順が一様ではなく、作業時間もバラバラである。また熟練者と新人では再出荷の可否の判断も異なることがある。

改善案

検品の手順を統一するとともに、汚損や破損の定義、リユース品として再出荷ができる条件などを決めて、マニュアルを作成した。あわせて検品1件当たりの作業標準時間も設定した。また検品作業者を集めて説明会や勉強会を定期的に開催することにした。

検品手順と基準の標準化

＊検品手順は一例。実務により異なる

説明会と勉強会の開催

現場研修として説明会や勉強会も定期的に開催されるから作業時間や作業精度のバラツキが発生しなくなったね

カイゼンの視点：誤検品の回避

誤検品が多くなると、物流部門の信頼度も低下する。誤検品には検品品目が誤っているケースと、数量が正確でないケースなどが想定される。入荷検品のミスは在庫精度などに影響するし、出荷検品のミスは誤出荷につながる。誤検品率（誤検品件数÷総検品数×100）を0.01％未満の高い精度とするなど、しっかりとした検品体制を作り上げる必要がある。

平準化のポイント解説は ☞ 133ページ

事例

7-3 パレット荷役の導入による標準化と平準化 ☆

ケース単位で積込み、積卸しを行っているが、パレット荷役に切り替えて荷役の効率化を図りたい。だが既存サイズのパレットでは積載率が大きく下がってしまう。

? 現状と問題点

単価が安く、かさ張る製品であるため、これまではケース単位でバラ積みで荷役を行ってきた。しかし取引先から納品にかかる荷役時間の短縮などによる平準化の推進を求められている。積載率の低下と初期投資額を最小限に留めたうえで、パレット単位の納品に切り替えたいと考えている。

改善案 既存の標準的なサイズのパレットでは積載率が下がることから、1社のみでなく関連業界で研究会を設立して、製品の外装の大きさを踏まえた、業界で共同に使える専用パレットをパレットレンタル会社と共同で開発して、導入した。パレットの製作、管理、回収はレンタルパレット会社に委託することにした。

カイゼンの視点：一貫パレチゼーション

入出荷ロット、保管ロットをパレット単位に統一することで、物流工程のすべてでパレットを使い、効率化を実現できる。これを「一貫パレチゼーション」と呼んでいる。標準化されたパレット荷役で物流工程の波動を最小化し、平準化を実現するのである。

平準化のポイント解説は ☞ 134ページ

事例

7-4 ミルクラン方式による平準化の推進

☆☆

改善前

調達先からの納入において入荷ロット、トラック車両の大きさなどがバラバラで、入荷作業が振り回されている。また入荷時間帯が集中してピーク対応を余儀なくされている。

? 現状と問題点

調達先からの納入トラックが入荷バースに列を作り、入荷に時間がかかっている。調達先は同一方面からの場合も多く、配送の共同化や相乗りなどを検討してもよいと考えている。調達物流の作業プロセスの標準化を行い、同時に平準化を実現したいと考えている。

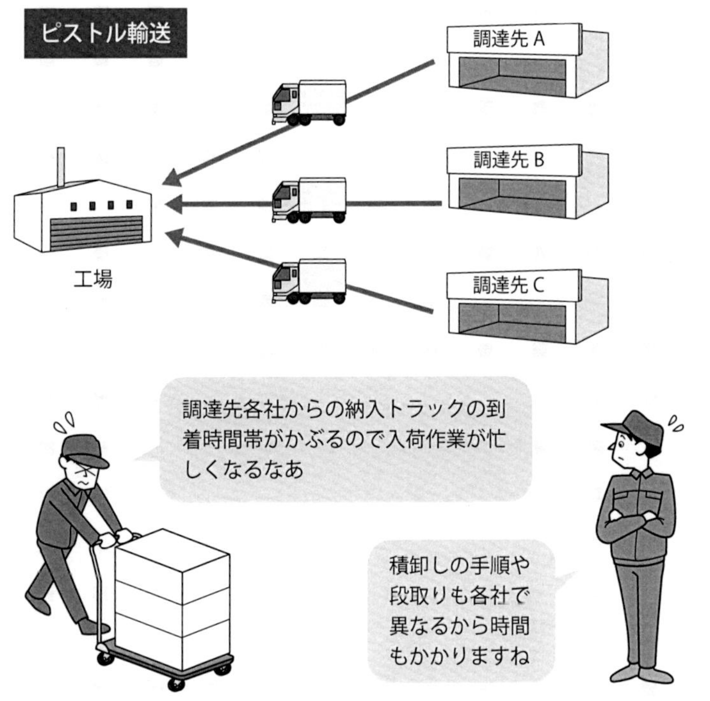

改善案 調達先がそれぞれ部品を納入するのではなく、自社物流網で同一方面などの調達先をまとめて、ミルクラン（巡回集荷）方式に変更し、積込み、積卸しのプロセスのルールを作った。その結果、入荷ピーク時間帯のトラック台数を大幅に削減できた。

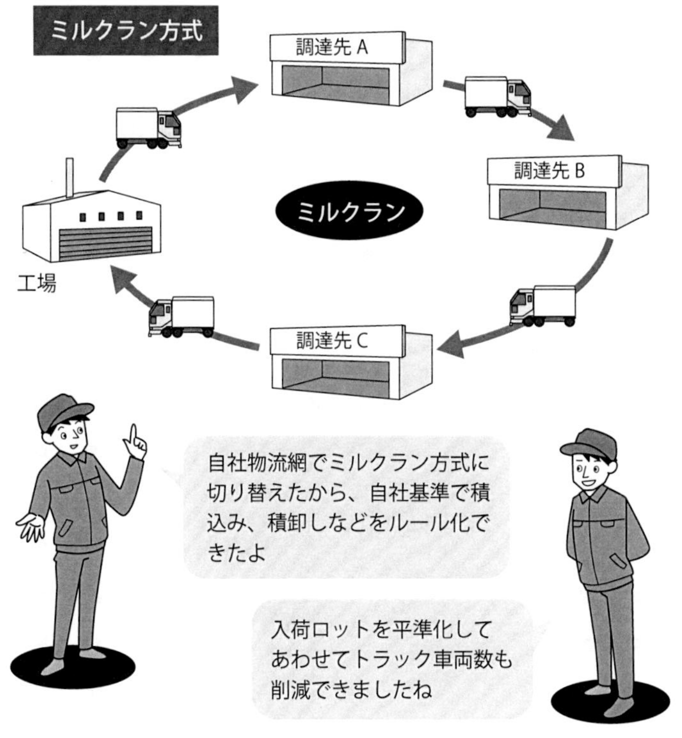

カイゼンの視点：共同配送の活用

共同配送は、同業他社と行うケースとは別に、異業種・異業界間で行うこともある。季節波動など、ピーク期、オフピーク期が異なる業界の配送を組み合わせて積載率を補い合うのである。また、「かさ張るが軽量」の製品と「重量はあるが小型」の製品を組み合わせることでバランスをとるという選択肢もある。

平準化のポイント解説は ☞ 135ページ

事例

7-5 標準時間の設定による平準化の実践

☆☆

パーツセンターで梱包作業を行っている。トラブル時の確認や荷札の整理など、直接、荷扱いとは関係のない作業も多く、作業者が多くいる割に作業時間が長くなっている。

? 現状と問題点

梱包作業の工程分析を行ったところ、「アイテムを組み立てた段ボール箱に詰め、テープを巻き、梱包し、荷札を貼り、カゴ台車に載せて運搬する」というのが主体業務であるが、付帯業務が多く、作業効率を低下させていることがわかった。

改善案

作業標準時間を設定し、「何が付帯業務に当たるか」ということを定義付け、関連の打ち合わせ、作業場の整理、手待ち、荷探し、荷札の整理、確認のチェック記入、作業日誌の作成、から歩行、から運搬などが該当することを周知した。

カイゼンの視点：作業標準時間の設定

作業標準時間を設定することで「作業をどれくらいのペースでこなせばよいか」ということが周知される。作業標準時間は正味作業時間（主体作業時間と付帯作業時間）と余裕時間に分けられる。なお。余裕時間には「不規則に発生する必要な作業」と休憩などの人的余裕とがある。

平準化のポイント解説は ☞ 136ページ

作業プロセスの標準化

作業者単位の作業時間のバラツキは、ボトルネック工程の存在に加えて、作業プロセスや作業環境が標準化されていないことが原因となっていることも多い。ピッキングエリアの区分整理やセグメント分け、作業手順書の導入などによる作業プロセスの標準化を進めることで平準化も実現できるのである。

ピッキング作業の標準化の推進

現状の課題

熟練度の差によりピッキングの作業時間にムラが発生している

熟練者はアイテムの場所を把握しているので物品を探すのもピッキングも早いが、新人は作業に大きな労力と時間がかかっている

標準化で対応

ピッキング作業の効率化を実現

- 保管アイテムのロケーション区分の簡略化
- 品番順の棚配置を原則とする
- 方面別、顧客群別に庫内レイアウトと作業動線を組み直す
- 非熟練者が標準作業を習得できるように作業手順書を作成

作業手順書でムリ、ムダ、ムラのない標準化された手順を明示

平準化の達成

- ピッキング作業者間の作業時間差を解消
- ロケーションチェック時間のバラツキを解消
- ピッキング作業のボトルネック工程化の解消
- ピッキング作業精度のバラツキを解消

ヒント　ピッキング・保管区分

方面別、顧客群別などのピッキング・保管区分分けの他に、荷姿・形状別の区分や製品別の区分なども選択肢となる。荷姿・形状別ならば、段ボール箱単位、パレット単位、袋詰め単位などが考えられる。製品別の区分とすれば新人や非熟練者が対応しやすいことが多い。それぞれの保管区分に分けたうえでABC分析を導入することもある。

検品作業手順の明確化

検品の作業時間などが作業者により異なる場合、標準的な手順で作業が行われていない可能性がある。そこでまず検品の作業手順や判断の基準を明確化し、1検品当たりの作業時間の目安を示すことで、作業時間と作業品質のバラツキを解消し、平準化を達成する。

検品作業の標準化の視点からの平準化の推進

現状の課題

- 検品作業者によって、判断の基準が異なる
- 熟練者と非熟練者では検品速度と精度の差が大きい

再出荷が可能かどうかの判断基準が決められていなかったために現場が混乱していてボトルネック工程化していた

標準化で対応

検品作業のルール作り

たとえば

- 検品の手順をマニュアル化して統一
- 汚損や破損の定義、リユース品として再出荷できる条件などを明確化
- 作業手順書、マニュアルの作成と研修実施
- 標準作業時間の設定

検品の手順、基準、標準作業時間などを明確化した

平準化の達成

- 検品作業者間の作業時間差を解消
- 検品精度のバラツキを解消
- 検品作業のボトルネック工程化の解消
- 誤検品率の低下による作業精度の向上

ヒント　検品の作業環境の整備

入荷検品を大量かつ正確にこなすにはバーコード検品の導入が必要になるケースが多い。しかし、アイテムによっては形状・材質の特性からバーコードをつけることがむずかしいこともある。その場合、目視検品で対応しなければならないケースも出てくる。目視検品を行う場合、倉庫内を目視しやすくし、検品作業台のスペースを広くとり、整理・整頓を行うことを心がける。

パレット単位での種類の平準化

パレット単位に統一することで「種類の平準化」を推進することにもなる。種類の平準化を進める場合、ある程度大きい初期投資が必要になる可能性も考えられる。その場合、共同物流など、関連業界全体、あるいは複数社で取り組むケースが報告されている。

パレット荷役への切り替えによる平準化

現状の課題

- 取引先から納品にかかる荷役時間の短縮などを求められている
- パレット単位の納品に切り替えたいが初期投資が大きい

トラックにバラ積みで積み込むと積載率は高くなるが、作業時間がかかり、それがボトルネック工程になる

標準化で対応

業界統一パレットの開発・導入

- 関連業界で研究会を設立して、業界で共同に使える専用パレットを共同で開発して、導入した
- パレットの開発、管理、回収はレンタルパレット会社に委託した

パレット荷役のメリット、デメリットなどを明確化した

平準化の達成

- パレット荷役への切り替えで「種類の平準化」を実現
- 積込み・積卸し作業のボトルネック工程化の解消
- 作業時間の短縮
- 作業者の荷役負荷の軽減

段ボール箱サイズの統一

段ボール箱の種類、サイズが多く、梱包作業に時間がかかってしまうことがある。出荷遅れなどを誘発する恐れもあるし、ボトルネック工程となり平準化の実現の障壁となることもある。段ボール箱のサイズに関しては可能な限り絞ることで「種類の平準化」を推進し、できれば「才」（1才＝縦30.3cm×横30.3cm×高さ30.3cm＝0.0278㎥＝約8kg）などで統一しておきたい。

ミルクラン方式の導入

調達先ごとに納入のやり方などが異なるにもかかわらず、入荷時間帯が重なることでピーク時間帯の山が大きくなっていた。自社物流網によるミルクラン（巡回集荷）方式の導入で入荷ロット、トラック車両の大きさ、積載率、積込み・積卸しの段取りなどを統一し、作業時間のムラを解消しつつ、入荷プロセスの平準化を実現した。

ミルクラン方式の導入による平準化の推進

現状の課題

- 入荷ロットなどがバラバラで、入荷作業に時間がかかる
- 入荷時間帯が集中してピーク対応の負担が大きい
- トラックの入荷に時間がかかっている

調達先については同一方面からの場合も多く、配送の共同化や相乗りなどを検討したい
調達物流の作業プロセスの標準化を行い、同時に平準化を実現したい

標準化で対応

ミルクラン方式の採用

- 標準化を前提とした自社物流網による巡回集荷システムを導入した
- 入荷ロットを統一した
- 積込み、積卸しのプロセスをルール化した

作業時間のムラを解消しつつ、積込み、配送、荷卸し、入荷も各プロセスの標準化を実現

平準化の達成

- 入荷ピーク時間帯のトラック台数が大幅に削減
- 積込み、積卸し、入荷作業時間の短縮
- 作業者の荷役負荷の軽減
- 運送コストの削減

内製化

外部の企業などに頼らず、自社内で対応することを「内製化」という。コスト削減などの理由から内製化が行われることもあるが、平準化の視点から考えると、外部委託することにより、リードタイムが長くなったり、関連工程がボトルネック化したりすることが懸念されるが、内製化することによってそうしたリスクを回避できる。

作業標準時間の設定によるバラツキの解消

標準化されていない作業が、ボトルネック工程化の要因となっているケースがある。たとえば、細かな指示などのための作業中断、段ボール箱やテープの補充などの標準化されていない作業、責任者を探しに行くための中断などである。

作業標準時間の設定による平準化

現状の課題

トラブル時の責任者への確認や荷札の整理など、荷扱いとは関係のない作業が多い

梱包作業の工程分析を行ったところ、付帯業務が多く、作業効率を低下させていることがわかった

標準化で対応

作業標準時間の設定

- 作業標準時間を設定
- 付帯業務の定義を明確化
- 主体業務を優先させる方針を徹底

作業標準時間を設定することで作業ロスやムダな作業とは何かということが明確化される

平準化の達成

- 作業時間のバラツキの解消
- 作業時間の効率化
- 作業コストの削減

標準時間の設定方法

標準時間を設定するには、対象となる作業について標準化のモデルとなる作業者を選定し、通常のペースで作業を行ってもらい、時間観測を行う。必要に応じて作業を区分し、正味時間と余裕時間を設定する。標準時間を設定したら標準工数（基準作業人数×1人当たりの作業標準時間、あるいは実績作業量×標準時間）を算定し、実働工数（現状の作業人数×現状の1人当たりの作業時間、あるいは実績作業量×実績作業時間）を求める。

主要参考文献

『コストダウン50のチェックシート』、平居義徳著、PHP研究所、1989年

『最新 物流ハンドブック』、日通総合研究所編、白桃書房、1991年

『新物流実務辞典』、産業調査会事典出版センター、2005年

『図解 物流改善』、長谷川勇・波形克彦著、経林書房、1995年

『図解 すぐに役立つ物流の実務』、鈴木邦成著、日刊工業新聞社、2011年

『サプライチェーンマネジメント講座〈3〉生産・発注の平準化』、田村隆善著、朝倉書店、2011年

『物流改革の手順』、平野太三著、出版文化社、2014年

『物流現場改善推進のための手引書』、日本ロジスティクスシステム協会、2007年

『物流コスト徹底削減の具体策』、診断士物流研究会編、経林書房、1995年

『物流コストの計数管理/KPI管理ポケットブック』、鈴木邦成著、日刊工業新聞社、2015年

『物流事業者におけるKPI導入の手引き』、国土交通省、2015年

『物流センター＆倉庫管理業務者必携ポケットブック』、鈴木邦成著、日刊工業新聞社、2018年

『物流・流通の実務に役立つ計数管理/KPI管理ポケットブック』、鈴木邦成著、日刊工業新聞社、2014年

『新IE入門シリーズ 平準化と標準作業－多品種対応における作業管理』平野裕之著、日刊工業新聞社、2001年

『荷役合理化のキーワード』、梁瀬仁著、ファラオ企画、1992年

『入門 物流（倉庫）作業の標準化－バラツキを減らし、ムダとミスをなくす！』、鈴木邦成、日刊工業新聞社、2020年

『図解 よくわかるこれからの物流』、河西建次・津久井英喜編著、同文館出版、2003年

『ナットク現場改善シリーズ よくわかる「平準化と作業標準」の本』、副田武夫、日刊工業新聞社、2010年

索引

な

は

ま

や

ら

わ

著者略歴

鈴木邦成（すずき　くにのり）

物流エコノミスト、日本大学教授（在庫・物流管理などを担当）。一般社団法人日本SCM協会専務理事、一般社団法人日本ロジスティクスシステム学会理事、日本卸売学会理事。専門は物流およびロジスティクス工学。レンタルパレット大手のユーピーアールの社外監査役も務める。

主な著書に『入門 物流（倉庫）作業の標準化』、『物流センター＆倉庫管理業務者必携ポケットブック』、『トコトンやさしい小売・流通の本』、『お金をかけずにすぐできる 事例に学ぶ物流現場改善』、『運行管理者（貨物）必携ポケットブック』、『物流コストの計数管理/KPI管理ポケットブック』、『トコトンやさしい物流の本』、『物流・流通の実務に役立つ計数管理/KPI管理ポケットブック』、『図解 物流センターのしくみと実務 第2版』（以上、日刊工業新聞社）、『すぐわかる物流不動産』（公益社団法人日本不動産学会著作賞受賞）、『スマートサプライチェーンの設計と構築の基本』、『グリーンサプライチェーンの設計と構築』（以上、白桃書房）、『物流DXネットワーク』（NTT出版）、『Toward Sustainable Operations of Supply Chain and Logistics Systems (EcoProduction)』（英語版、共著、シュプリンガー社）などがある。物流・ロジスティクス・SCM関連の学術論文、雑誌寄稿なども多数。

入門 物流現場の平準化とカイゼン
ームダ・ムリ・ムラをなくし、物流（倉庫）作業を効率化！ー　NDC336

2021年12月30日　初版1刷発行
2024年6月28日　初版3刷発行

定価はカバーに表示されております。

©著　者　鈴木邦成
発行者　井水治博
発行所　日刊工業新聞社

〒103-8548　東京都中央区日本橋小網町14-1
電話　書籍編集部　03-5644-7490
販売・管理部　03-5644-7403
FAX　03-5644-7400
振替口座　00190-2-186076
URL　https://pub.nikkan.co.jp/
e-mail　info_shuppan@nikkan.tech

本文イラスト　岩井千鶴子
印刷・製本　新日本印刷株式会社(POD2)

落丁・乱丁本はお取り替えいたします。　2021 Printed in Japan

ISBN 978-4-526-08176-7